Ingrid Auer

Heilende Engelessenzen und Engelöle

Energien der Neuen Zeit

Engelessenzen 1–49

Engel-Kombi-Essenzen 1–59

Engel-Kombi-Öle 1–59

Engel-Aura-Essenzen

SILBERSCHNUR

Die Deutsche Bibliothek – CIP-Einheitsaufnahme

Ein Titeldatensatz für diese Publikation ist bei
Der Deutschen Bibliothek erhältlich

Die im vorliegenden Buch dargestellten Empfehlungen und Methoden sind nach bestem Wissen und Gewissen erklärt, die diversen Informationen sollen aber ärztlichen Rat und ärztliche Hilfe nicht ersetzen. Autor und Verlag übernehmen keinerlei Haftung für Schäden, die sich eventuell aus dem Gebrauch oder Missbrauch der in diesem Werk erläuterten Empfehlungen und Methoden ergeben können. Wenn in diesem Buch von Therapie, Therapeuten und Engel-Therapie die Rede ist, sind damit alle Formen der Heilungsarbeit im feinstofflichen Sinn gemeint.

1. Auflage 2003
2. Auflage 2006
ISBN 3-89845-044-9

Steinstraße 1 | D-56593 Güllesheim
www.silberschnur.de | e-mail: info@silberschnur.de

Umschlaggestaltung, Buchdesign und Satz: www.bzw.co.at
Druck und Bindung: FINIDR

Ingrid Auer

Heilende Engelessenzen und Engelöle

„Dein Immunsystem
verändert sich
und wird von
den Energien der
Sterne verstärkt.
Du wirst dafür
neue Energien
und Hilfen finden."

>Kryon<

Inhalt

Kryon, der in diesem Buch einige Male zitiert wird, ist ein hohes Engelwesen, das unser Neues Zeitalter betreut und begleitet. Er „entstammt" der gleichen Engelgruppe wie Erzengel Michael. Kryon wird vom Amerikaner Lee Carroll und acht anderen Medien weltweit gechannelt. Seine Bücher sind in viele Sprachen übersetzt worden.

Ekonja ist ein Engel, der mit der Autorin eng zusammenarbeitet. Gemeinsam mit drei weiteren hohen Engelwesen, zahlreichen Helferengeln und acht Erzengeln ist er mit ihr an dem Engel-Projekt Symbole, Essenzen und Öle beteiligt. Ekonja hat einen ähnlichen Aufgabenbereich wie Erzengel Raphael und ist somit für die Heilungsenergien der Neuen Zeit zuständig. Er selbst ist jedoch – wie die Autorin – Erzengel Gabriel unterstellt.

Wenn in diesem Buch von Therapie, Therapeuten und Engel-Therapie die Rede ist, sind damit alle Formen der Heilungsarbeit im feinstofflichen Sinn gemeint. Wenn in diesem Buch von heilenden Engelessenzen und Engelölen die Rede ist, dann ist ein mögliches Heilwerden im feinstofflichen Körper gemeint. Diese Essenzen und Öle sind keine Heilmittel im medizinischen Sinne und ersetzen weder Arzt noch Medikamente.

Der Engelauftrag

Während ich die letzten Zeilen zu meinem Buch „Heilen mit Engel-Therapie-Symbolen“ schrieb, hörte ich diese – inzwischen längst bekannte – energische Stimme in mir: „Du sollst dringend alle Engelessenzen und Engelöle in einem Buch zusammenfassen. Praktisch, handlich und übersichtlich!“ Ich hatte verstanden. Ein neuer Auftrag – und wie immer brandeilig.

Die Engelwelt scheint zu wissen, warum sie gerade mich für gewisse Aufgaben ausgesucht hat: Engelgehorsam, willig und – bedingt durch meinen Schütze-Aszendenten – empfänglich für Ideen, Visionen und Impulse aus der geistigen Welt, brauchten sie mich nie lange zu schubsen.

Der neue Auftrag ließ mich nicht los. Ich begann – noch vor Fertigstellung des Engel-Therapie-Symbol-Buches – meine ersten Notizen zu machen, drückte meinem Fotografen sämtliche Fläschchen in die Hand, versetzte meinen Grafiker in Alarmbereitschaft und überlegte in groben Zügen Aufbau, Inhalt und Layout dieses Buches, das Sie, liebe Leserin, lieber Leser, jetzt in Händen halten. Nun ist mein Part getan und die Engelwelt zufrieden. Zumindest bis zum nächsten Engel-Projekt ...

Mögen Sie die Kraft und Reinheit dieser hochschwingenden Engelessenzen und Engelöle schätzen und lieben lernen!

Das wünscht Ihnen von Herzen
Ingrid Auer

Teil I

Engelsymbole, Essenzen und Öle

„Um von Punkt A nach Punkt B zu gelangen, musst du wandern. Eine gute Wanderausrüstung dient dir dabei. Diese Engelsymbole, Engelessenzen und Engelöle sind wichtiger Bestandteil einer solchen Ausrüstung. Die Beine bewegen musst du allerdings selbst!" *>Ekonja<*

Engelsymbole - Schlüssel zur Engelwelt

Engelsymbole sind – ebenso wie Engelessenzen und Engelöle – Geschenke aus der Engelwelt. Sie heilen unsere feinstofflichen Körper, unsere Chakren, befreien uns auf liebevolle Weise von emotionalen, mentalen und geistigen Blockaden und bringen uns in intensiven Kontakt mit den Engeln. Engelsymbole sind wie ein Schlüssel zur Engelwelt. Sie werden uns von der Engelwelt angeboten. Die Entscheidung, ob wir sie verwenden und uns damit die feinstoffliche Heilung der Engelwelt eröffnen, bleibt unserem freien Willen überlassen.

Mehr über die Wirkung und Anwendung der Engelsymbole finden Sie in meinen Büchern „Heilende Engelsymbole" und „Heilen mit Engel-Therapie-Symbolen".

Was sind Engelessenzen?

Engelessenzen enthalten die gleichen feinstofflichen Energien und Farbschwingungen wie die Engelsymbole. Sie werden direkt von der Engelwelt energetisiert. Larkom, einer der führenden Engel, die an diesem Engel-Essenz-Projekt beteiligt sind, gab mir Schritt für Schritt genaue Anleitungen, wie die Herstellung der Essenzen zu erfolgen hat. Die Oberaufsicht hat

Ø 4 cm 30 ml 30 ml 50 ml 50 ml 100 ml

v.l.n.r.
Engelsymbol
Engelessenz
Engel-Kombi-Essenz
Engel-Kombi-Öl
Engel-Aura-Essenz

eine Engelgruppe, die von Erzengel Gabriel und Erzengel Raphael geleitet wird.

Engelessenzen bestehen aus einem Wasser-Alkohol-Gemisch und sind – wie die Engelsymbole selbst – energetisch versiegelt. Das heißt, sie nehmen keine Energien von außen auf und können sogar von mehreren Menschen gleichzeitig verwendet werden. Engelessenzen werden von Hand abgefüllt und etikettiert. Dunkelviolettes Glas schützt die Trägersubstanz Wasser-Alkohol, die Engelwelt sorgt für permanentes Nachladen der Essenzen. Damit wird höchste Qualität gewährleistet.

Was sind Engelöle?
Engelöle enthalten ebenfalls die feinstofflichen Engelenergien und Farbschwingungen der Engelsymbole. Als Trägersubstanz wird reines, hochwertiges Jojoba-Öl verwendet, das mit wenigen Tropfen ätherischer Öle leicht beduftet wird. Engelöle werden direkt am Körper aufgetragen, entweder auf Chakren, wichtige Körperpunkte, auf Meridiane, Fußreflexzonen, auf größeren Hautzonen oder intuitiv nach eigenem Empfinden. Engelöle sollten nur äußerlich und nicht auf verletzter oder irritierter Haut aufgetragen werden.

Und was sind Engel-Aura-Essenzen?
Wie der Name schon sagt, sind das Engel-Essenzen, die in die Aura eines Menschen, eines Tieres oder einer Pflanze gesprüht werden. Das Alkohol-Wasser-Gemisch wird mit reinen ätherischen Ölen beduftet. Engel-Aura-Essenzen stärken, reinigen und schützen die feinstofflichen Körper des Menschen, werden aber auch in Wohnräumen, Therapieräumen, Krankenhäusern, Kindergärten und Schulen gerne verwendet.

Wie Engelessenzen und Engelöle wirken
Die in diesem Buch dargestellten Engelessenzen und Engelöle wirken, indem sie

- Blockaden im grobstofflichen und feinstofflichen Körper lösen
- Chakren energetisieren und aktivieren
- belastende Emotionen aus unserer Aura und unseren Körperzellen löschen
- Verletzungen der Aura heilen
- einen energetischen Schutzmantel bilden
- die Energiefrequenz von Menschen, Tieren und Pflanzen erhöhen und
- Selbstheilungsprozesse einleiten.

Essenzen und Öle energetisieren alle Auraschichten von innen nach außen, Engel-Aura-Essenzen von außen nach innen. Eine ausführliche Darstellung, wie Engelsymbole und somit auch Engelessenzen, Engelöle und Engel-Aura-Essenzen in den Chakren und den einzelnen Auraschichten wirken, können Sie in meinem Buch „Heilen mit Engel-Therapie-Symbolen“ nachlesen.

Das Besondere an diesen Engelessenzen und Engelölen
Die vorliegenden Engelessenzen und Engelöle enthalten besonders hochschwingende, feinstoffliche Engelenergien. Sie werden direkt von der

Engelwelt in die Essenzen und Öle geleitet und enthalten keine Schwingungen von Pflanzen oder Steinen.

Während die meisten Blütenessenzen in den unteren Auraschichten wirken (ätherischer, emotionaler, mentaler und astraler Körper), erreichen die Engelessenzen und Engelöle auch die darüber liegenden Aura-Schichten (Ätherische Blaupause, Himmlischer Körper, Kausaler Körper und darüber hinaus). Das heißt, selbst wenn das zu bearbeitende Problem in höheren Aura-Schichten verankert ist, kann es von Engelessenzen / Engelölen aufgelöst werden.

Engelessenzen und Engelöle werden besonders gerne von sensitiven Menschen verwendet, die in ihrer persönlichen oder spirituellen Entwicklung vorankommen möchten. Je „feinstofflicher" jemand ist, desto besser wird er die Wirkung dieser Engelessenzen und -öle spüren. Aber auch Kinder, Pflanzen und Tiere reagieren sehr gut auf diese Essenzen und Öle.

Eine weitere Besonderheit ist, dass die Engelessenzen und Engelöle permanent von der Engelwelt nachgeladen werden. Mit den energetischen und feinstofflichen Veränderungen, die in den nächsten Jahren zu erwarten sind, werden auch diese Engelessenzen und -öle schwingungsmäßig angehoben – „nachjustiert", könnte man sagen. Sollten diese Engelessenzen jemals manipulativ eingesetzt werden, würde die Engelenergie sofort abgezogen werden.

Ja, Engelessenzen und Engelöle sind eine Unterstützung und Begleitung im Lichtkörperprozess. Man bezeichnet sie als Heilmittel des neuen Jahrtausends. Was das genau bedeutet, darüber werde ich in einem meiner nächsten Bücher schreiben. All jenen, die mit dem Lichtkörperprozess bereits vertraut sind, sei so viel gesagt: Lesen Sie im Buch von Lee Carroll „Kryon – Ihr werdet unermesslich geliebt" das Kapitel „Das Millennium-Reisegepäck. Der Vitamin-Koffer". Auf Seite 165 steht geschrieben: „Du wirst dafür ... neue Energien und Hilfen finden, um deinen Körper zu ernähren." Zutreffender kann man die Wirkung dieser Engelessenzen und Engelöle nicht beschreiben!

Anwendung

Engelessenzen werden

- auf die Mundschleimhäute,
- auf Nabel, Puls am Handgelenk oder Fußsohle getropft und sanft verrieben (vor allem bei Kleinkindern und alkoholkranken bzw. kranken Menschen),
- in ein hochwertiges Massageöl,
- ins Badewasser
- oder ins Duftlämpchen gegeben.

Als Standarddosierung würde ich Ihnen **2 x 5 Tropfen täglich** empfehlen. Im **Akutfall halbstündlich 5 Tropfen** (ähnlich wie Bachblüten-Notfallstropfen) nehmen.

Die **Engelöle** werden in erster Linie auf

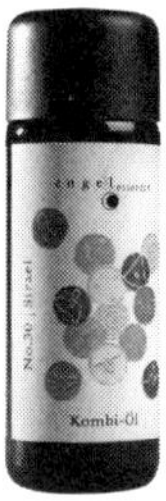

- Chakren
- Meridiane
- Fußreflexzonen
- Organzonen
- verspannte Körperzonen etc.

aufgetragen. Sie können bei den Beschreibungen der Engelöle jeweils genau nachlesen, welche Bereiche sich besonders dafür eignen.

Im Allgemeinen genügt es, wenn Sie ein **paar Tropfen am Körper** auftragen. Ein Dispenser ermöglicht punktgenaues Auftragen und verhindert ein Verschütten bzw. Auslaufen des Öls. Wenn Sie großflächig arbeiten wollen, sei es bei einer Babymassage, Kindermassage oder Klassischen Massage oder wenn Sie einfach eine großflächigere Körperzone behandeln möchten, dann verwenden Sie reines Jojobaöl. Als Faustregel gilt: 100 ml Jojobaöl mit 35 Tropfen Engelöl vermengen und gut durchschütteln.

Masseuren sei noch ein Tipp gegeben: Als Grundausstattung für „Engel-Energie-Massagen" empfehle ich Ihnen, 7 Flaschen reines Jojobaöl mit je einem Engelöl zu vermischen. Und zwar mit

- Engel-Kombi-Öl No. 01 | Lariel | Körperlicher Notfall
- Engel-Kombi-Öl No. 02 | Nanael | Seelischer Notfall
- Engel-Kombi-Öl No. 12 | Haziel | Chakren
- Engel-Kombi-Öl No. 13 | Yeliel | Meridiane
- Engel-Kombi-Öl No. 14 | Corael | Organe & Fußreflexzonen 1
- Engel-Kombi-Öl No. 38 | Luciel | Organe & Fußreflexzonen 2
- Engel-Kombi-Öl No. 58 | Erael | Muskulatur.

Sollten Sie auf bestimmte Massagen spezialisiert sein, wie z. B. auf Babymassagen, dann finden Sie unter den Ölen sicherlich genau die Ihrem Spezialgebiet entsprechenden, in diesem Fall etwa

- Engel-Kombi-Öl No. 17 | Muriel | Schwangerschaft
  (falls das Baby eine schwierige Schwangerschaft hinter sich hat)
- Engel-Kombi-Öl No. 18 | Vaniel | Geburt (nach einer schwierigen Geburt)
- Engel-Kombi-Öl No. 19 | Mykael | Wochenbett & Stillen
- Engel-Kombi-Öl No. 20 | Rakael | Neugeborene
- Engel-Kombi-Öl No. 21 | Yerathel | Neugeborenen-Koliken
- Engel-Kombi-Öl No. 26 | Norael | Baby-Notfall (Schockauflösung bei Babys)
- Engel-Kombi-Öl No. 32 | Sorihael | Narkose (nach Kaiserschnitt)

Die exakte Auswahl der Engelessenzen und Engelöle lesen Sie unter dem Kapitel „Auswahlverfahren" ab Seite 158 nach.

Teil II

„Diese Engelessenzen sind Geschenke,
die aus der Zukunft kommen."

>Ekonja<

Engelessenzen 1 – 49

Dieser Teil des Buches soll Ihnen die wichtigsten Aspekte der Essenzen 1 – 49 aufzeigen. Möchten Sie sich noch intensiver damit beschäftigen oder die Essenz-Auswahl mit Hilfe der Symbolkarten vornehmen, empfiehlt sich die Lektüre meines ersten Buches „Heilende Engelsymbole".

Heilende Engelsymbole
49 Schlüssel zur Engelwelt
Farbkarten und Handbuch

Die Essenzen 1 – 49 tragen dieselben Energien
wie die Engelsymbole 1 – 49 aus dem gleichnamigen Buch.

Engelessenz No. 1

Grundthema: Glaube und Vertrauen
Chakrenebene: Stirn-Chakra
Farbfrequenz: hellblau
Affirmation: **Ich glaube und vertraue darauf, dass alles in meinem Leben seinen Sinn und seine Berechtigung hat.**

Seelisch-mentale Blockaden:

- „Das Leben ist gefährlich“
- Angst zu versagen
- alles kontrollieren wollen
- seine Intuition immer wieder in Frage stellen
- Ziele mit K(r)ampf erreichen wollen

Diese Engel-Essenz hilft:

- seinen (Schutz)engeln bedingungslos zu vertrauen
- sich in die göttliche Führung fallen zu lassen
- Zwanghafte Kontrolle aufzugeben
- nicht alles zu hinterfragen
- mit dem Herzen „denken“ zu lernen

Unterscheidung:

Engel-Essenz No. 11 – Geborgenheit und Sicherheit: unterstützt Geborgenheit und Sicherheit trotz negativer Erfahrungen

Engel-Essenz No. 36 – Loslassen: hilft, alte Muster und Vorstellungen, aber auch Beziehungen, Jobs und materielle Sicherheiten loszulassen

Engel-(Aura)-Essenz No. 42 – Erzengel Michael: schützt und beruhigt, besonders in schwierigen Lebenslagen, bei Krankheit und auf Reisen; beruhigt in Angstsituationen

Engel-Kombi-Essenz / Öl No. 22 – Doriel | Ängste, depressive Verstimmungen: lindert unbewusste, immer wieder auftretende Ängste und Gefühle der Unsicherheit

Engel-Kombi-Essenz No. 39 – Raniel | Entspannung: beruhigt in Situationen der Angst, der Unsicherheit, der Überarbeitung, der Ruhelosigkeit

Engel-Kombi-Essenz / Öl No. 41 – Somiel | Panikattacken: vermindert immer wiederkehrende Gefühle von Panik, Ausweglosigkeit und diffusen Ängsten

Engelessenz No. 2

Grundthema:	Liebe und Selbstliebe
Chakrenebene:	Herz-Chakra
Farbfrequenz:	blassrosa
Affirmation:	**In dem Ausmaß, wie ich mich selbst liebe, kann ich andere lieben.**

Seelisch-mentale Blockaden:

- sich selbst nichts wert sein
- zu Gunsten anderer immer wieder zurückstecken
- sich und seine Bedürfnisse vernachlässigen
- Liebe mit Pflichtgefühl verwechseln
- sich aus falsch verstandener Liebe aufopfern

Diese Engel-Essenz hilft:

- keine übertriebenen Erwartungen an sich zu stellen
- den eigenen Körper liebevoll anzunehmen
- sich selber zu verwöhnen
- die eigenen Grenzen besser kennen zu lernen
- Frust und Enttäuschung nicht auf andere zu projizieren

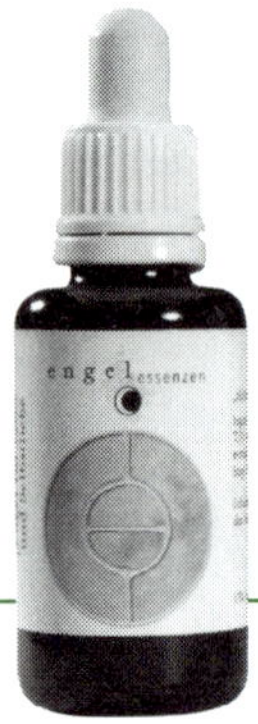

Unterscheidung:

Engel-Essenz No. 14 – Liebe und Bedingungslosigkeit:
zeigt auf, dass Liebe kein Ego kennt und somit nicht eingefordert werden kann

Engel-Essenz No. 20 – Liebe und Beziehungen:
unterstützt die Erkenntnis, dass wir das an Liebe zurückbekommen, was wir bereit sind zu geben

Engel-(Aura-)Essenz No. 44 – Erzengel Chamuel:
heilt seelische Verletzungen aus der Kindheit und aus Liebesbeziehungen

Engelessenz No. 3

Grundthema: Ruhe und Leichtigkeit
Chakrenebene: Herz-Chakra
Farbfrequenz: gelbgrün
Affirmation: **Ich strebe nach Ruhe und Leichtigkeit – ich bin Harmonie!**

Seelisch-mentale Blockaden:

- Perfektionszwang
- „Aus einer Mücke einen Elefanten machen“
- vor Schwierigkeiten zurückscheuen
- „Das Kind mit dem Bade ausschütten“
- in schwierigen Situationen die Nerven verlieren

Diese Engel-Essenz hilft:

- in schwierigen Zeiten Ruhe zu bewahren
- übertriebene Ernsthaftigkeit in Leichtigkeit zu verwandeln
- sich in Stress-Situationen Ruhepausen zu gönnen
- den Alltag mit Leichtigkeit anzupacken
- sich nicht aus der inneren Ruhe bringen zu lassen

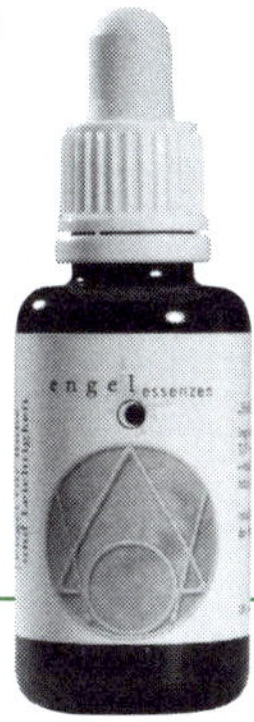

Unterscheidung:

Engel-Essenz No. 7 – Engel für Optimismus und Schönheit:
hilft in schwierigen Lebenslagen, das Schöne im Leben zu erkennen und zu schätzen
Engel-Kombi-Essenz / Öl No. 5 – Rahael | Kopfschmerzen, Migräne:
schenkt uns in belastenden Situationen göttliche Kraft und Stärke
Engel-Kombi-Essenz / Öl No. 27 – Sariel | Knochen:
unterstützt die Loslösung von Normen, Regeln und Fixierungen (erstarrte Sichtweise)
Engel-Kombi-Essenz No. 39 – Raniel | Entspannung:
gegen Unruhe, Unrast, Erfolgszwang, innere Zwänge, Rast- und Ruhelosigkeit

Engelessenz No. 4

Grundthema:	Reinheit und Klarheit
Chakrenebene:	alle Chakren
Farbfrequenz:	perlmuttweiß
Affirmation:	**Ich lasse alte blockierende Muster und Illusionen los.**

Besonderheit: Nach der Anwendung von Medikamenten und Impfstoffen entgiftet diese Engelessenz Chakren und Aura von belastenden Energien.

Seelisch-mentale Blockaden:

- in alten Mustern und Vorstellungen verstrickt sein
- der Vergangenheit nicht verzeihen können
- an Altem, Vertrautem, aber Überholtem festhalten
- nicht wissen, wie es weitergeht
- persönliche Entwicklung nicht zulassen

Diese Engel-Essenz hilft:

- der Wahrheit ins Gesicht zu blicken
- Klarheit in sein Leben zu bringen
- zu vergessen und zu verzeihen
- Licht in scheinbar hoffnungslose Situationen zu bringen
- unpassende Verhaltensmuster abzulegen

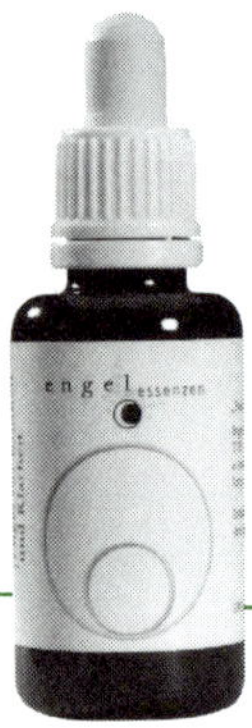

Unterscheidung:

Engel-Essenz No. 15 – Schein und Wirklichkeit: hilft, Illusionen von der Realität zu unterscheiden und sich und anderen nichts vorzugaukeln

Engel-Essenz No. 36 – Loslassen: hilft, alte Muster und Vorstellungen, aber auch Beziehungen, Jobs und materielle Sicherheiten loszulassen

Engel-Essenz No. 38 – Karmaerlösung: unterstützt alle karmischen Aufarbeitungsprozesse im Alltag

Engel-(Aura)-Essenz No. 45 – Erzengel Gabriel: bringt Licht und Klarheit in unser Leben; durchleuchtet verworrene Situationen

Engel-Kombi-Essenz / Öl No. 4 – Aniel: Erkältung, Entgiftung, Entschlackung: befreit von emotionalen, energetischen und chemischen Schlacken

Engel-Kombi-Essenz / Öl No. 25 – Cithael: Karma: unterstützt alle Formen von Karma-Aufarbeitungs-Therapien

Engel-Kombi-Essenz / Öl No. 55 – Licael: Lymphe: befreit von emotionalen Vergiftungen

Engel-(Aura)-Essenz – Energetische Reinigung: reinigt die Aura von allen Fremdenergien und verhafteten Seelen

Engelessenz No. 5

Grundthema:	Kraft und Stärke
Chakrenebene:	Wurzel-Chakra
Farbfrequenz:	rot
Affirmation:	**Ich erwecke meine Kraft und Stärke in Liebe.**

Seelisch-mentale Blockaden:

- sich immer wieder verausgaben
- Kraft- und Mutlosigkeit
- funktionieren statt leben
- am Ende seiner Kräfte sein
- mit-leiden statt mit-fühlen

Diese Engel-Essenz hilft:

- in schwierigen Situationen durchzuhalten
- mehr Kraft und Lebendigkeit in das Leben zu lassen
- Liebe für schwierige Mitmenschen / Patienten aufzubringen
- der eigenen Kraft und Stärke zu vertrauen
- seine Grenzen kennen zu lernen und zu wahren

Unterscheidung:

Engel-Essenz No. 30 – Mut und Beharrlichkeit:
unterstützt unser Durchhaltevermögen und unser konsequentes Handeln

Engel-Essenz No. 40 – Göttliche Kraft:
schenkt uns in belastenden Situationen göttliche Kraft und Stärke

Engel-(Aura)-Essenz No. 47 – Erzengel Uriel:
hilft, Visionen und Vorhaben mit Freude umzusetzen

Engel-Kombi-Essenz No. 40 – Arkiel | Aktivierung:
bringt uns trotz Burn-out-Gefühlen, Energie- und Lustlosigkeit wieder auf die Beine

Engel-Kombi-Essenz / Öl No. 43 – Loriel | „Die 7 Nothelfer“:
energetischer „Anreißer“; hilft in scheinbar ausweglosen Situationen

Engelessenz No. 6

Grundthema: Veränderung und Verwandlung
Chakrenebene: Stirn-Chakra
Farbfrequenz: blassviolett
Affirmation: **Alles im Leben ist Veränderung.**

Seelisch-mentale Blockaden:

- sich selber im Weg stehen
- sich gegen Veränderungen wehren
- anstehende Veränderungen nicht erkennen
- tiefe, innere Trauer
- einen Heilungsprozess nicht zulassen

Diese Engel-Essenz hilft:

- die Vergangenheit ruhen zu lassen
- die Seele von Erstarrungen zu befreien
- sich auf Spiritualität einzulassen
- Veränderungen als Chance zu erkennen
- Zugang zur geistigen Welt zu finden

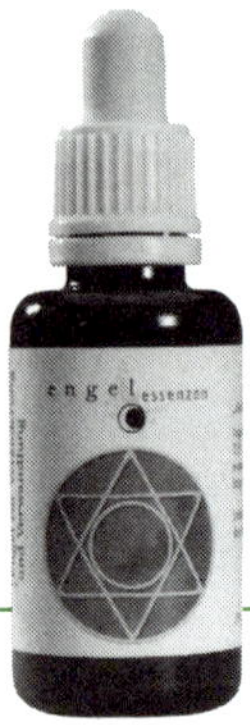

Unterscheidung:

Engel-Essenz No. 13 – Entscheidung und Neuorientierung:
fördert Entscheidungsfähigkeit und Neuausrichtung im Leben
Engel-(Aura-)Essenz No. 48 – Erzengel Zadkiel:
unterstützt tiefgreifende Veränderungen im Leben
Engel-Kombi-Essenz / Öl No. 27 – Sariel | Knochen:
hilft, innere Zwänge und Sturheit zu erkennen und loszulassen
Engel-Kombi-Essenz / Öl No. 30 – Sirael | Wechsel:
erleichtert den Wechsel von einem Lebensabschnitt in den nächsten
Engel-Kombi-Essenz / Öl No. 50 – Voniel | Rheuma:
fördert Toleranz und Aufgeschlossenheit

Engelessenz No. 7

Grundthema:	Optimismus und Schönheit
Chakrenebene:	Herz-Chakra
Farbfrequenz:	pink
Affirmation:	**Ich erkenne die positiven Seiten in meinem Leben.**

Seelisch-mentale Blockaden:

- negative Zukunftsperspektiven
- „Das Leben ist hart und ungerecht“
- nicht an sich selbst glauben
- Pessimismus und Schwarzmalerei
- ständig in unangenehme Situationen geraten

Diese Engel-Essenz hilft:

- an Träume und Visionen zu glauben
- sich der Schönheit des Lebens zu öffnen
- in schwierigen Zeiten den Mut nicht zu verlieren
- mit den Augen eines Kindes durchs Leben zu gehen
- „Sorge dich nicht – lebe!“

Unterscheidung:

Engel-Essenz No. 3 – Ruhe und Leichtigkeit:
hilft, mit Ruhe und Leichtigkeit zu leben

Engelessenz No. 8

Grundthema:	Richtung und Ziel
Chakrenebene:	Stirn-Chakra
Farbfrequenz:	blassmagenta
Affirmation:	**Ich kenne meine Ziele und erreiche sie auch.**

Seelisch-mentale Blockaden:

- sich für nichts begeistern können
- nicht in der Gegenwart leben
- Irrwege beschreiten
- keine Visionen und Ziele haben
- das Ziel immer wieder aus den Augen verlieren

Diese Engel-Essenz hilft:

- dem eingeschlagenen Weg treu zu bleiben
- trotz Schwierigkeiten nicht vom Weg abzukommen
- die Stolpersteine des Lebens anzunehmen
- sich für ein Ziel einzusetzen
- seine Visionen Schritt für Schritt umzusetzen

Unterscheidung:

Engel-Essenz No. 30 – Mut und Beharrlichkeit:
unterstützt Durchhaltevermögen und konsequentes Handeln

Engel-Essenz No. 35 – Tatkraft und Erfolg:
fördert die erfolgreiche Umsetzung von Visionen und Plänen

Engel-(Aura-)Essenz No. 48 – Erzengel Zadkiel:
unterstützt tiefgreifende Veränderungen im Leben

Engel-(Aura-)Essenz No. 49 – Erzengel Metatron:
unterstützt das Erkennen und Umsetzen des eigenen, göttlichen Lebensplans

Engelessenz No. 9

Grundthema:	Selbstwert und Selbstvertrauen
Chakrenebene:	Sexual-Chakra
Farbfrequenz:	goldorange
Affirmation:	**Ich erlaube mir, selbstbewusst und selbstsicher zu sein.**

Seelisch-mentale Blockaden:

- die eigenen Fähigkeiten anzweifeln
- Selbstkritik und Selbstverurteilung
- andere als besser und erfolgreicher betrachten
- eigenen Entscheidungen nicht vertrauen
- sein Licht unter den Scheffel stellen

Diese Engel-Essenz hilft:

- Vertrauen in die eigenen Fähigkeiten zu gewinnen
- sich selbst etwas wert zu sein
- unterdrückte Aggressionen nicht gegen sich selbst zu richten
- Selbstbewusstsein von Stolz zu unterscheiden
- eigene Entscheidungen zu treffen

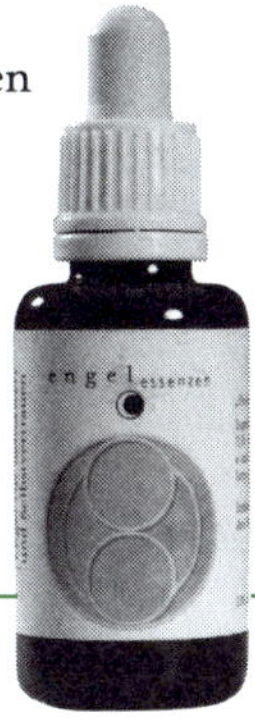

Unterscheidung:

Engel-Essenz No. 2 – Liebe und Selbstliebe:
hilft, sich selbst zu lieben und wertzuschätzen

Engel-Essenz No. 35 – Tatkraft und Erfolg:
fördert die erfolgreiche Umsetzung von Visionen und Plänen

Engelessenz No. 10

Grundthema: Reife und Weisheit
Chakrenebene: Solarplexus-Chakra
Farbfrequenz: honiggelb
Affirmation: **Ich komme meiner inneren Weisheit immer näher.**

Seelisch-mentale Blockaden:

- Weisheit mit Wissen verwechseln
- nicht auf die innere Stimme hören
- Unangenehmes sofort verdrängen
- eigene Weiterentwicklung unterdrücken / blockieren
- aus schmerzvollen Erfahrungen nichts lernen

Diese Engel-Essenz hilft:

- die Botschaft hinter Problemen zu erkennen
- aus der inneren Quelle zu schöpfen
- schmerzvolle Erfahrungen als Reifeprozess zu erkennen
- aus Schwierigkeiten zu lernen
- das Leben als einzigen Lernprozess anzuerkennen

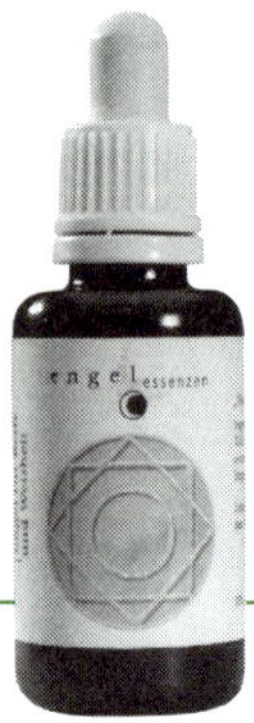

Unterscheidung:

Engel-Essenz No. 16 – Schöpferische Weisheit:
hilft, die innere Weisheit durch Kreativität ans Tageslicht zu bringen
Engel-Essenz No. 34 – Altes Wissen:
fördert das Zutagebringen von altem Wissen, das in uns angelegt ist
Engel-Essenz No. 41 – Göttliche Weisheit:
verbindet mit der Göttlichen Quelle
Engel-(Aura)-Essenz No. 43 – Erzengel Jophiel:
unterstützt in Weisheit, Geduld und Heiterkeit

Engelessenz No. 11

Grundthema: Geborgenheit und Sicherheit
Chakrenebene: Sexual-Chakra
Farbfrequenz: lachsrosa
Affirmation: **Ich vertraue darauf, dass mir das Leben alles zur Verfügung stellt, was ich brauche.**

Seelisch-mentale Blockaden:

- Vertrauensmissbrauch
- innere Ängste und Existenzängste
- fallen gelassen werden / worden sein
- zugefügte seelische oder körperliche Verletzungen
- tief sitzende Enttäuschungen – unerwiderte Liebe

Diese Engel-Essenz hilft:

- trotz Enttäuschungen wieder zu vertrauen
- (materielle) Krisen besser durchzustehen
- sich auf andere zu verlassen
- Geborgenheit in Beziehungen zu erlangen
- an eine höhere Ordnung zu glauben

Unterscheidung:

Engel-Essenz No. 1 – Glaube und Vertrauen:
hilft, dem Fluss des Lebens zu vertrauen
Engel-Essenz No. 17 – Wohlstand und Fülle:
ermöglicht, Wohlstand und Fülle zuzulassen und anzunehmen
Engel-(Aura-)Essenz No. 42 – Erzengel Michael:
schützt und beruhigt, besonders in schwierigen Lebenslagen, bei Krankheit und auf Reisen; beruhigt in Angstsituationen
Engel-Kombi-Essenz / Öl No. 15 – Rihael | Weibliche Sexualhormone:
löst Probleme mit der Weiblichkeit und seelischen Verletzungen
Engel-Kombi-Essenz / Öl No. 22 – Doriel | Ängste, depressive Verstimmungen:
lindert unbewusste, immer wieder auftretende Ängste und Gefühle der Unsicherheit

Engelessenz No. 12

Grundthema:	Kreativität und Selbstausdruck
Chakrenebene:	Hals-Chakra
Farbfrequenz:	türkis
Affirmation:	**Ich erschaffe meine eigene Welt und kann sie auch vermitteln.**

Seelisch-mentale Blockaden:

- sich nicht richtig ausdrücken können
- die eigene Kreativität noch nicht entdeckt haben
- Angst, über Gefühle zu sprechen
- Gedanken für sich behalten
- Unangenehmes nicht ansprechen wollen

Diese Engel-Essenz hilft:

- Kreativität zuzulassen
- Fähigkeiten wie Singen, Malen, Schreiben zu entwickeln
- sich vor Kritik anderer nicht zu fürchten
- auf den Punkt zu kommen
- die Fantasie zu fördern

Unterscheidung:

Engel-Essenz No. 16 – Schöpferische Weisheit:
hilft, die innere Weisheit durch Kreativität ans Tageslicht zu bringen

Engel-Essenz No. 34 – Altes Wissen:
fördert das Zutagebringen von altem Wissen, das in uns angelegt ist

Engel-Essenz No. 41 – Göttliche Weisheit:
verbindet mit der Göttlichen Quelle

Engelessenz No. 13

Grundthema: Entscheidung und Neuorientierung
Chakrenebene: Herz-Chakra
Farbfrequenz: gelbgrün
Affirmation: **Ich treffe selbst meine Entscheidungen, damit nicht über mich entschieden wird.**

Seelisch-mentale Blockaden:

- Entscheidungsunfähigkeit
- Torschlusspanik
- Angst vor den Konsequenzen einer Entscheidung
- an Altem, Verbrauchtem, Überholtem festhalten
- sich in einer völlig unerwarteten Situation wiederfinden

Diese Engel-Essenz hilft:

- sich leichter auf neue Situationen einstellen zu können
- Entscheidungen zu treffen und dabei zu bleiben
- sich vor Veränderungen nicht zu drücken
- Verantwortung nicht abzuschieben
- sich in schwierigeren Zeiten besser zurechtzufinden

Unterscheidung:

Engel-Essenz No. 6 – Veränderung und Verwandlung:
hilft, im Fluss des Lebens zu bleiben
Engel-(Aura)-Essenz No. 48 – Erzengel Zadkiel:
unterstützt tiefgreifende Veränderungen im Leben
Engel-Kombi-Essenz / Öl No. 30 – Sirael | Wechsel:
erleichtert den Wechsel von einem Lebensabschnitt in den nächsten

Engelessenz No. 14

Grundthema: Liebe und Bedingungslosigkeit
Chakrenebene: Herz-Chakra
Farbfrequenz: rosa
Affirmation: **Weil ich dich wirklich liebe, lasse ich dir deine Freiheit.**

Seelisch-mentale Blockaden:

- den Partner in seinem Freiraum beschränken
- Angst, verlassen zu werden
- Zweckgemeinschaften künstlich am Leben halten
- aus Angst vor dem Alleinsein schmerzhafte Kompromisse eingehen
- „Lieber leiden als verändern"

Diese Engel-Essenz hilft:

- andere nicht ständig zu kontrollieren
- Liebe nicht an Bedingungen zu knüpfen
- Liebe von Abhängigkeit zu unterscheiden
- emotionale Erpressung zu erkennen
- mehr Toleranz zu üben

Unterscheidung:

Engel-Essenz No. 20 – Liebe und Beziehungen:
unterstützt die Erkenntnis, das an Liebe zurückzubekommen, was wir zu geben bereit sind
Engel-Essenz No. 37 – All-Liebe:
unterstützt die Entwicklung von der persönlichen zur allumfassenden Liebe
Engel-(Aura-)Essenz No. 44 – Erzengel Chamuel:
heilt seelische Verletzungen aus der Kindheit und aus Liebesbeziehungen

Engelessenz No. 15

Grundthema: Schein und Wirklichkeit
Chakrenebene: Stirn-Chakra
Farbfrequenz: hellblau
Affirmation: **Ich lasse meine Illusionen fallen und blicke der Realität ins Auge.**

Seelisch-mentale Blockaden:

- sich von äußeren Darstellungen blenden lassen
- in einer Scheinwelt leben
- sich von Medien beeinflussen lassen
- vor der Realität flüchten
- den Kopf in den Sand stecken

Diese Engel-Essenz hilft:

- zu handeln, statt nur zu träumen
- Unwahrheiten zu erkennen
- sich der Wahrheit zu stellen
- Visionen von Illusionen zu unterscheiden
- auf Äußerlichkeiten keinen übertriebenen Wert zu legen

Unterscheidung:

Engel-Essenz No. 4 – Reinheit und Klarheit:
bringt Klarheit in verworrene Situationen;
klärt alte blockierende Muster und Vorstellungen
Engel-Essenz No. 32 – Befreiung von Abhängigkeiten:
erlöst von Unfreiheiten, Zwängen und falschen Vorstellungen

Engelessenz No. 16

Grundthema:	Schöpferische Weisheit
Chakrenebene:	Solarplexus-Chakra
Farbfrequenz:	sonnengelb
Affirmation:	**Ich tauche tief in mich ein und bringe meine schöpferische Weisheit hervor.**

Seelisch-mentale Blockaden:

- Fähigkeiten brachliegen lassen
- Intuition durch Intellekt ersticken
- an sich und seinen Fähigkeiten zweifeln
- sein Licht unter den Scheffel stellen
- sich nicht darstellen / ausdrücken können

Diese Engel-Essenz hilft:

- Heilung durch Farben, Formen, Klänge zu unterstützen
- tief in sein Innerstes hineinzuhorchen
- unterdrückte Gefühle schöpferisch darzustellen
- Zugang zum Inneren Kind zu finden
- seine Seele zum Ausdruck zu bringen

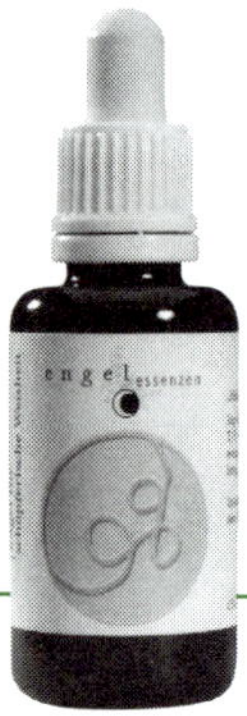

Unterscheidung:

Engel-Essenz No. 12 – Kreativität und Selbstausdruck:
hilft, unsere Persönlichkeit durch kreative Tätigkeiten zum Ausdruck zu bringen

Engel-Essenz No. 33 – Schöpferisches Wort:
unterstützt im kreativen Selbstausdruck durch das gesprochene oder geschriebene Wort

Engel-Essenz No. 34 – Altes Wissen:
fördert das Zutagebringen von altem Wissen, das in uns angelegt ist

Engel-Essenz No. 41 – Göttliche Weisheit:
verbindet mit Wissen aus früheren Inkarnationen und der „Göttlichen Datenbank"

Engelessenz No. 17

Grundthema: Wohlstand und Fülle
Chakrenebene: Solarplexus-Chakra
Farbfrequenz: goldgelb
Affirmation: **Ich lasse es zu, dass mich das Leben reich beschenkt.**

Seelisch-mentale Blockaden:

- „Geld stinkt und macht unglücklich“
- sich immer wieder ausnutzen lassen
- sich Wohlstand nicht zugestehen
- andere (un)bewusst um ihr Geld beneiden
- sich materielle Wünsche nicht eingestehen

Diese Engel-Essenz hilft:

- annehmen zu lernen
- das Leben zu genießen
- mit Geld besser umzugehen
- sich vom Leben beschenken zu lassen
- inneren Reichtum und Fülle zu erkennen

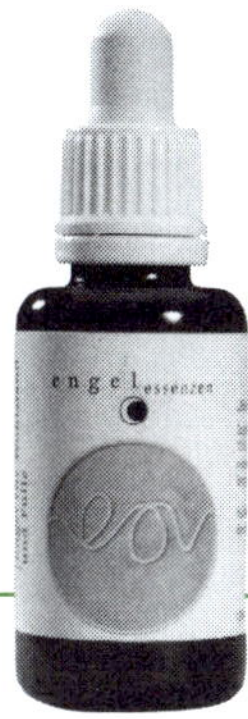

Unterscheidung:

Engelessenz No. 29 – Materielle Angelegenheiten:
fördert den besseren Umgang mit Geld und finanziellen Angelegenheiten
Engel-Kombi-Essenz / Öl No. 36 – Rukiel | Gelenke:
löst von Geiz und Neid; fördert Großzügigkeit und Lebensfreude

Engelessenz No. 18

Grundthema:	Verantwortungsbewusstsein
Chakrenebene:	Wurzel-Chakra
Farbfrequenz:	dunkelviolett
Affirmation:	**Ich bin mir meiner Verantwortung in Liebe bewusst.**

Seelisch-mentale Blockaden:

- sich um nichts kümmern
- sich vor Konsequenzen drücken
- Fehler auf andere abwälzen
- Verantwortung mit Kontrollsucht verwechseln
- Macht und Autorität missbrauchen

Diese Engel-Essenz hilft:

- anderen (seine eigenen) Grenzen aufzuzeigen
- Autorität liebevoll zu praktizieren
- Verantwortung als Herausforderung zu akzeptieren
- Macht von Autorität zu unterscheiden
- andere nicht abhängig zu machen

Unterscheidung:

Engel-Essenz No. 31 – Mitmenschlichkeit:
bewahrt vor übertriebener Selbstlosigkeit, die uns schaden könnte

Engelessenz No. 19

Grundthema: Spirituelles Erwachen
Chakrenebene: Scheitel-Chakra
Farbfrequenz: dunkelmagenta
Affirmation: **Je mehr ich mich öffne, desto besser verstehe ich die Geheimnisse und Botschaften des Universums.**

Seelisch-mentale Blockaden:

- Angst vor Spiritualität haben
- sich nur auf Mess- und Beweisbares einlassen
- die innere Stimme nicht hören
- in eine Scheinwelt flüchten
- vor Problemen davonlaufen

Diese Engel-Essenz hilft:

- trotz dem Zugang zur Spiritualität in der Realität zu bleiben
- den Boden nicht zu verlieren
- den Kontakt zur geistigen Welt herzustellen
- sich zur Spiritualität zu bekennen
- in der geistigen und irdischen Welt gleichzeitig leben zu können

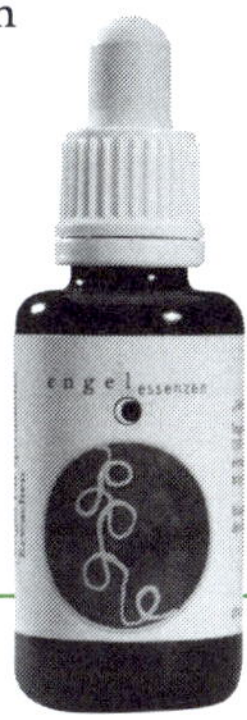

Unterscheidung:

Engel-Essenz No. 25 – Spirituelle Kraft und Umsetzung:
hilft, auf dem eingeschlagenen spirituellen Weg zu bleiben

Engelessenz No. 20

Grundthema: Liebe und Beziehungen
Chakrenebene: Herz-Chakra
Farbfrequenz: rosa
Affirmation: **Ich lasse alte blockierende Muster und Illusionen los.**

Seelisch-mentale Blockaden:

- sich emotional verschließen
- keine Gefühle zeigen können
- Gefühle im Alltag ersticken lassen
- an Vernunftbeziehungen festhalten
- schwierige Partnerschaften nicht als Lernchancen erkennen

Diese Engel-Essenz hilft:

- den Beziehungsalltag lebendiger zu gestalten
- dem Partner / Mitmenschen Achtung entgegenzubringen
- andere Menschen im Herzen zu berühren
- sich der Einzigartigkeit jedes Menschen bewusst zu werden
- zwischenmenschliche Beziehungen liebevoller zu gestalten

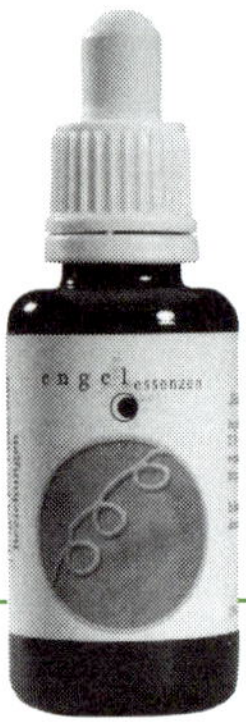

Unterscheidung:

Engel-Essenz No. 14 – Liebe und Bedingungslosigkeit:
bewahrt davor, Liebe an Bedingungen zu knüpfen

Engel-Essenz No. 37 – All-Liebe:
unterstützt die Entwicklung von der persönlichen zur allumfassenden Liebe

Engel-(Aura-)Essenz No. 44 – Erzengel Chamuel:
heilt seelische Verletzungen aus der Kindheit und aus Liebesbeziehungen

Engelessenz No. 21

Grundthema: Beharrlichkeit und Erfüllung
Chakrenebene: alle Chakren
Farbfrequenz: weiß
Affirmation: **Ich glaube und vertraue einem erfolgreichen Ausgang meiner Situation.**

Seelisch-mentale Blockaden:

- pessimistische Grundeinstellung
- sich von einem Problem verrückt machen lassen
- Mutlosigkeit – Niedergeschlagenheit
- um jeden Preis etwas erreichen wollen
- aus Fehlern nichts lernen

Diese Engel-Essenz hilft:

- sich nicht verunsichern zu lassen
- Ziele ohne Zwang und Krampf zu verfolgen
- Wünsche loszulassen (falls erforderlich)
- nach Rückschlägen aufzustehen und weiterzugehen
- „Der Weg ist das Ziel“

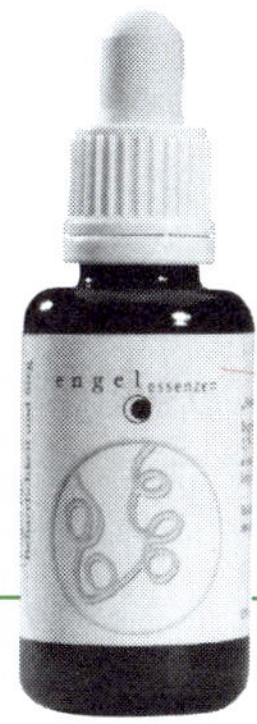

Unterscheidung:

Engel-Essenz No. 8 – Richtung und Ziel:
hilft, Ziele zu definieren und zu verfolgen
Engel-Essenz No. 28 – Geduld und Zeitlosigkeit:
unterstützt Vorhaben, die Zeit und Geduld erfordern
Engel-Essenz No. 30 – Mut und Beharrlichkeit:
stärkt Durchhaltevermögen und verhilft zu Selbstdisziplin
Engel-Essenz No. 35 – Tatkraft und Erfolg:
schenkt den Glauben an Erfolg; besonders in ausweglosen Situationen

Engelessenz No. 22

Grundthema: Konsequenz und Ordnung
Chakrenebene: Hals-Chakra
Farbfrequenz: himmelblau
Affirmation: **Kosmos ist Ordnung.**

Seelisch-mentale Blockaden:

- kein Stehvermögen haben
- Ungenauigkeit, Unpünktlichkeit, Chaos
- auch: Pedanterie, Starre, Regeln
- von alten Zwängen nicht loskommen
- sich immer wieder überreden lassen

Diese Engel-Essenz hilft:

- Regeln zu akzeptieren
- eine klare Linie einzuhalten
- sich von inneren Zwängen zu befreien
- mit Leichtigkeit Ordnung zu halten
- Wesentliches von Unwesentlichem zu unterscheiden

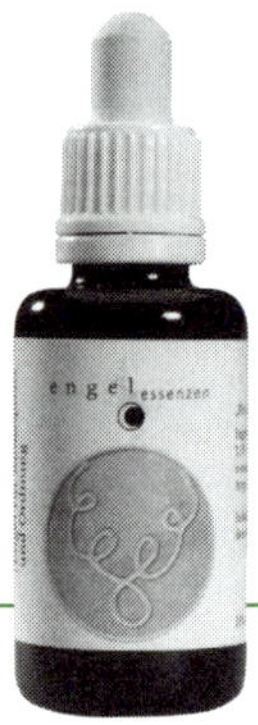

Unterscheidung:

Engel-Essenz No. 30 – Mut und Beharrlichkeit:
stärkt Durchhaltevermögen und verhilft zu Selbstdisziplin
Engel-Kombi-Essenz / Öl No. 27 – Sariel | Knochen:
unterstützt die Loslösung von Normen, Regeln und Fixierungen (erstarrte Sichtweise)
Engel-Kombi-Essenz / Öl No. 50 – Voniel | Rheuma:
fördert Toleranz und Aufgeschlossenheit

Engelessenz No. 23

Grundthema: Erkenntnis und Annehmen
Chakrenebene: Herz-Chakra
Farbfrequenz: mittelgrün
Affirmation: **Ich erkenne, dass mein Lebensplan alles enthält, was für mich wichtig und sinnvoll ist.**

Seelisch-mentale Blockaden:

- beschränkte / eingeengte Sichtweise
- sich gegen Lernschritte wehren
- nur einen Teilaspekt des Ganzen erkennen
- sich auf irgendetwas fixieren
- um jeden Preis etwas haben / erreichen wollen

Diese Engel-Essenz hilft:

- das Ego zu überwinden
- zu akzeptieren, statt zu kämpfen
- auf die göttliche Führung zu vertrauen
- eine schwierige Situation anzunehmen
- sich einer Illusion nicht länger hinzugeben

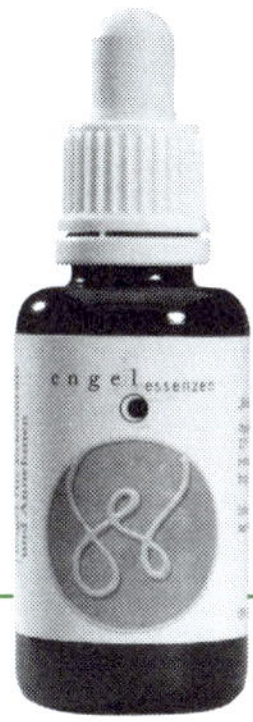

Unterscheidung:

Engel-Essenz No. 6 – Veränderung und Verwandlung:
hilft, im Fluss des Lebens zu bleiben
Engel-Essenz No. 15 – Schein und Wirklichkeit:
bewahrt vor Illusionen und Scheinwelten
Engel-Essenz No. 24 – Wiederkehrende Gedanken und Lösungen:
unterstützt neue Möglichkeiten und Wege
Engel-Kombi-Essenz / Öl No. 27 – Sariel | Knochen:
unterstützt die Loslösung von Normen, Regeln und Fixierungen (erstarrte Sichtweise)
Engel-Kombi-Essenz / Öl No. 50 – Voniel | Rheuma:
fördert Toleranz und Aufgeschlossenheit

Engelessenz No. 24

Grundthema: Wiederkehrende Gedanken und Lösungen
Chakrenebene: Wurzel-Chakra
Farbfrequenz: rot
Affirmation: **Ich öffne mich für göttliche Lösungen, die mir bei meinen Problemen weiterhelfen.**

Seelisch-mentale Blockaden:

- zermürbende Gedanken
- auf etwas sehr fixiert sein
- sich geistig nicht von der Stelle bewegen
- im Gedankenkarussell hängen bleiben
- sich wegen etwas / jemandem den Kopf zerbrechen

Diese Engel-Essenz hilft:

- um göttliche Lösungen zu bitten
- auf Vorschläge anderer einzugehen
- neue Denkansätze zu finden
- Kompromissbereitschaft
- von überholten Denkmustern loszukommen

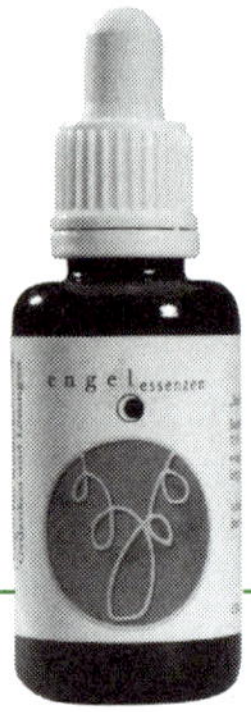

Unterscheidung:

Engel-Kombi-Essenz / Öl No. 5 – Rahael | Kopfschmerzen, Migräne:
gegen Kopflastigkeit und Überintellekt; für Menschen, die mit dem Kopf durch die Wand wollen
Engel-Kombi-Essenz / Öl No. 27 – Sariel | Knochen:
unterstützt die Loslösung von Normen, Regeln und Fixierungen (erstarrte Sichtweise)
Engel-Kombi-Öl No. 44 – Korathel | Konzentration:
hilft, in die eigene Mitte zu kommen; sich nicht zu verlieren
Engel-Kombi-Essenz / Öl No. 50 – Voniel | Rheuma:
fördert Toleranz und Aufgeschlossenheit

Engelessenz No. 25

Grundthema:	Spirituelle Kraft und Umsetzung
Chakrenebene:	Scheitel-Chakra
Farbfrequenz:	dunkelviolett
Affirmation:	**Ich erkenne meine spirituelle Seite und stehe dazu.**

Seelisch-mentale Blockaden:

- Zweifel an der geistigen Welt haben
- vom eigentlichen Lebensplan abkommen
- Angst vor dem „Anders-Sein“
- sich in der Öffentlichkeit nicht outen wollen
- als „Spinner“ hingestellt werden

Diese Engel-Essenz hilft:

- Vorreiter für andere zu sein
- sich angstfrei für die Engelwelt einzusetzen
- seine geistigen Fähigkeiten zu entwickeln
- sich zu seiner inneren Überzeugung zu bekennen
- als spiritueller Mensch in der Öffentlichkeit zu stehen

Unterscheidung:

Engel-Essenz No. 19 – Engel für spirituelles Erwachen:
schenkt Mut, zu seiner (erwachten) Spiritualität zu stehen

Engel-(Aura-)Essenz No. 49 – Erzengel Metatron:
unterstützt das Erkennen und Umsetzen des eigenen, göttlichen Lebensplans

Engelessenz No. 26

Grundthema: Erneuerung und Entwicklung
Chakrenebene: Stirn-Chakra
Farbfrequenz: weiß
Affirmation: **Ich lasse alle Erneuerungen zu und wandle mich im Laufe meines Lebens.**

Seelisch-mentale Blockaden:

- sich treiben lassen
- Phlegma – Stagnation
- sich gegen Neues verwehren
- an Altem krampfhaft festhalten
- die Notwendigkeit einer Veränderung ignorieren

Diese Engel-Essenz hilft:

- sich neuen Gegebenheiten anzupassen
- Resignation und Sturheit aufzugeben
- Angst vor Veränderungen loszulassen
- sich auf allen Ebenen weiterzuentwickeln
- sich von altem Ballast zu befreien

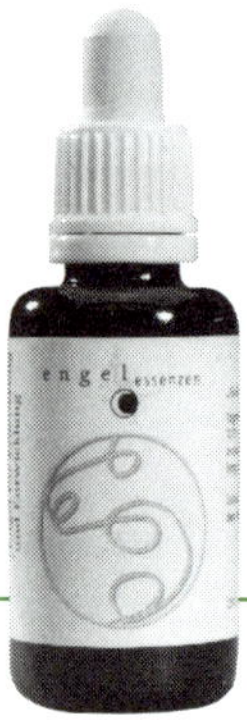

Unterscheidung:

Engel-Essenz No. 4 – Reinheit und Klarheit: bringt Klarheit in verworrene Situationen; klärt alte blockierende Muster und Vorstellungen

Engel-Kombi-Essenz / Öl No. 4 – Aniel | Erkältung, Entgiftung, Entschlackung: befreit von emotionalen, energetischen und chemischen Schlacken

Engel-Kombi-Essenz / Öl No. 27 – Sariel | Knochen: unterstützt die Loslösung von Normen, Regeln und Fixierungen (erstarrte Sichtweise)

Engel-Kombi-Essenz / Öl No. 30 – Sirael | Wechsel: erleichtert den Wechsel von einem Lebensabschnitt in den nächsten

Engel-Kombi-Essenz / Öl No. 50 – Voniel | Rheuma: fördert Toleranz und Aufgeschlossenheit

Engel-Kombi-Essenz / Öl No. 55 – Licael | Lymphe: befreit von emotionalen Vergiftungen

Engelessenz No. 27

Grundthema:	Tod und Wiedergeburt (auf der geistigen Ebene)
Chakrenebene:	Stirn-Chakra
Farbfrequenz:	nachtblau
Affirmation:	**Jeder Tod ist gleichzeitig ein Neubeginn.**

Seelisch-mentale Blockaden:

- in einer absoluten Lebenskrise stecken
- eine Krise nicht erkennen wollen
- unmittelbar vor einem Durchbruch stehen
- weder vorwärts noch rückwärts kommen
- sich wie in einem Geburtskanal fühlen

Diese Engel-Essenz hilft:

- Lebenszyklen zu erkennen und zu akzeptieren
- sich von Eltern / Partnern / Lehrern abzunabeln
- in einen Transformationsprozess hineinzugehen
- Entscheidungen ohne Sicherheiten zu treffen
- eine schwere (Beziehungs-)Krise durchzustehen

Unterscheidung:

Engel-Essenz No. 6 – Veränderung und Verwandlung:	hilft, im Fluss des Lebens zu bleiben
Engel-Essenz No. 26 – Erneuerung und Entwicklung:	unterstützt Entwicklung auf allen Ebenen; löst Angst und / oder Bequemlichkeit in Erneuerungsprozessen
Engel-Essenz No. 36 – Loslassen:	hilft, alte Muster und Vorstellungen, aber auch Beziehungen, Jobs und materielle Sicherheiten loszulassen
Engel-(Aura-)Essenz No. 48 – Erzengel Zadkiel:	unterstützt tiefgreifende Veränderungen im Leben
Engel-Kombi-Essenz / Öl No. 30 – Sirael | Wechsel:	erleichtert den Wechsel von einem Lebensabschnitt in den nächsten
Engel-Kombi-Essenz / Öl No. 59 – Ismael | Sterbebegleitung:	unterstützt uns in allen Übergangssituationen des Lebens

Engelessenz No. 28

Grundthema: Geduld und Zeitlosigkeit
Chakrenebene: Wurzel-Chakra
Farbfrequenz: orange-rot
Affirmation: **Ich nehme in Geduld alles an.**

Seelisch-mentale Blockaden:

- sich ständig verspäten / überpünktlich sein
- alles übers Knie brechen wollen
- andere unter Zeitdruck setzen
- etwas erzwingen wollen
- auf andere Menschen Druck ausüben

Diese Engel-Essenz hilft:

- Lernsituationen leichter anzunehmen
- sich besser in Geduld zu üben
- mit dem Faktor Zeit besser umzugehen
- auf die Zeitqualität zu achten
- „Zeit ist eine Illusion“

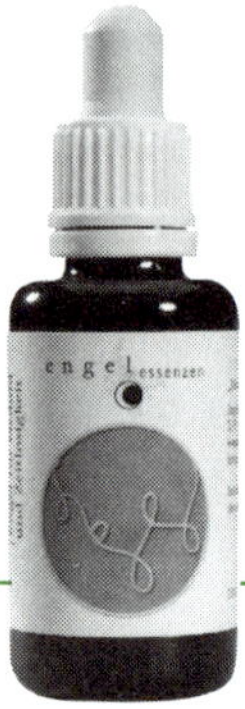

Unterscheidung:

Engel-Essenz No. 30 – Mut und Beharrlichkeit:
beruhigt in Situationen der Angst, der Unsicherheit, der Überarbeitung, der Ruhelosigkeit

Engelessenz No. 29

Grundthema: Materielle Angelegenheiten
Chakrenebene: Wurzel-Chakra
Farbfrequenz: dunkelrot
Affirmation: **Ich verdiene es, materiellen Wohlstand zu besitzen.**

Seelisch-mentale Blockaden:

- andauernde finanzielle Probleme
- mit Geld nicht umgehen können
- sich ausnützen lassen
- zu gutgläubig und gutmütig sein
- ständig etwas verlieren

Diese Engel-Essenz hilft

- Geld den richtigen Stellenwert beizumessen
- von Verschwendungssucht loszukommen
- sich selbst etwas wert zu sein
- Energiedefizite (materielle, ideelle) zu erkennen
- Wert und Gegenwert besser einzuschätzen

Unterscheidung:

Engel-Essenz No. 17 – Wohlstand und Fülle:
ermöglicht, Wohlstand und Fülle zuzulassen und anzunehmen
Engel-Essenz No. 36 – Loslassen:
hilft, alte Muster und Vorstellungen, aber auch Beziehungen, Jobs und materielle Sicherheiten loszulassen

Engelessenz No. 30

Grundthema: Mut und Beharrlichkeit
Chakrenebene: Wurzel-Chakra
Farbfrequenz: rot
Affirmation: **Ich nehme mutig und mit allen Konsequenzen die Herausforderungen meines Lebens an.**

Seelisch-mentale Blockaden:

- Vorhaben ständig in Frage stellen
- bei Schwierigkeiten (vorzeitig) aufgeben
- die eigene Wahrheit verleugnen
- inkonsequent sein
- Angst vor dem Leben und vor Hindernissen haben

Diese Engel-Essenz hilft:

- Selbstdisziplin zu lernen
- in schwierigen Situationen durchzuhalten
- dem Leben die Stirn zu bieten
- den Stürmen des Lebens zu trotzen
- sich vom Weg nicht abbringen zu lassen

Unterscheidung:

Engel-Essenz No. 21 – Beharrlichkeit und Erfüllung:
unterstützt den Glauben an einen positiven Ausgang
Engel-Essenz No. 35 – Tatkraft und Erfolg:
schenkt den Glauben an Erfolg, besonders in ausweglosen Situationen

Engelessenz No. 31

Grundthema: Mitmenschlichkeit
Chakrenebene: Herz-Chakra
Farbfrequenz: dunkelmagenta
Affirmation: **Ich bin bereit, anderen zu helfen, wahre dabei aber meine Grenzen.**

Seelisch-mentale Blockaden:

- zur Selbstaufgabe neigen
- die eigenen Grenzen nicht erkennen
- unter dem „Helfer-Syndrom“ leiden
- sich ausnützen lassen
- zu wenig Selbstliebe haben

Diese Engel-Essenz hilft:

- das „Nein“-Sagen zu lernen
- anderen Grenzen zu setzen
- Hilfe von anderen anzunehmen
- mitzufühlen statt mitzuleiden
- sich nicht aufzuopfern

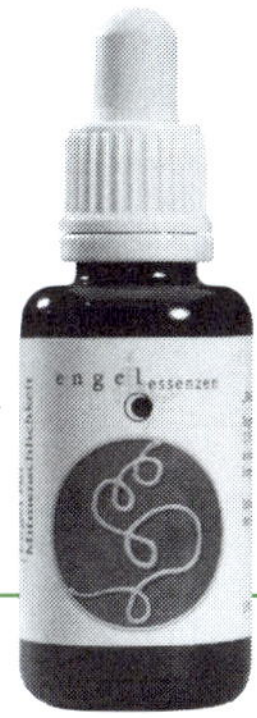

Unterscheidung:

Engel-Kombi-Essenz No. 8 – Armiel | Parasiten:
unterstützt das Erkennen und die Abgrenzung von „menschlichen Energieräubern“
Engel-Aura-Essenz – Energetische Abgrenzung:
schützt vor energetischen Lecks und füllt verlorengegangene Energien wieder nach

Engelessenz No. 32

Grundthema:	Befreiung von Abhängigkeiten
Chakrenebene:	Hals-Chakra
Farbfrequenz:	türkisblau
Affirmation:	**Ich bin frei von alten Mustern, Abhängigkeiten und Wertvorstellungen.**

Seelisch-mentale Blockaden:

- sich von anderen begrenzen lassen
- alten Mustern und Wertvorstellungen nachhängen
- sich von Partnern / Eltern nicht abnabeln
- emotionale Abhängigkeiten aller Art
- mit Freiheit nichts anzufangen wissen

Diese Engel-Essenz hilft:

- die inneren Fesseln zu lösen
- von anderen Menschen unabhängig zu werden
- keinem Guru mehr nachzulaufen
- seinen Aktionsradius zu erweitern
- sich auf sich selbst zu konzentrieren

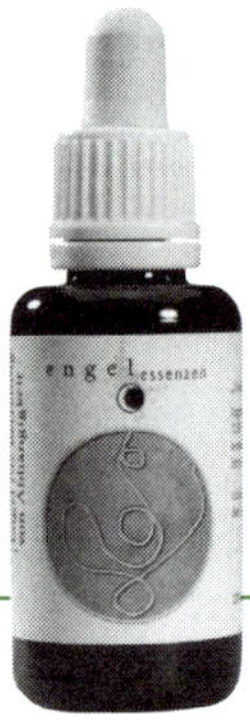

Unterscheidung:

Engel-Essenz No. 26 – Erneuerung und Entwicklung:
unterstützt Entwicklung auf allen Ebenen; löst Angst und / oder Bequemlichkeit in Erneuerungsprozessen

Engel-Essenz No. 36 – Loslassen:
hilft, alte Muster und Vorstellungen, aber auch Beziehungen, Jobs und materielle Sicherheiten loszulassen

Engel-Kombi-Essenz / Öl No. 6 – Ramiel | Süchte, Abhängigkeiten:
fördert das Loskommen von schlechten Angewohnheiten, Konsumzwängen, aber auch von Menschen

Engelessenz No. 33

Grundthema:	Schöpferisches Wort
Chakrenebene:	Hals-Chakra
Farbfrequenz:	türkis
Affirmation:	**Ich lerne, meinen Gefühlen Ausdruck zu verleihen.**

Seelisch-mentale Blockaden:

- Kommunikationsprobleme aller Art
- Angst, sich selber auszudrücken
- Gefühle hinunterschlucken
- sich unverstanden fühlen
- lieber schweigen als reden

Diese Engel-Essenz hilft:

- den sprachlichen Ausdruck zu entwickeln
- eine fremde Sprache leichter zu lernen
- Diskussionen erfolgreicher zu führen
- Worte in Kreativität umzuwandeln
- sich mehr zu sagen zu getrauen

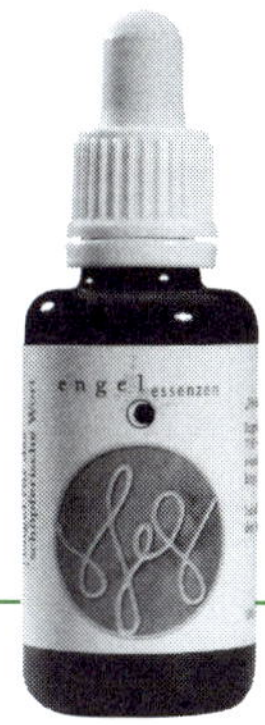

Unterscheidung:

Engel-Essenz No. 12 – Kreativität und Selbstausdruck:
unterstützt den kreativen Selbstausdruck auf allen Ebenen (Malen, Tanzen, Schreiben, Singen, etc.)

Engel-Essenz No. 16 – Schöpferische Weisheit:
hilft, die innere Weisheit durch Kreativität ans Tageslicht zu bringen

Engelessenz No. 34

Grundthema: Altes Wissen
Chakrenebene: Solarplexus-Chakra
Farbfrequenz: sonnengelb
Affirmation: **Ich habe den Mut, meiner inneren Weisheit zu vertrauen.**

Seelisch-mentale Blockaden:

- sich selber ständig in Frage stellen
- Angst vor spiritueller Weiterentwicklung
- (Vor-)Ahnungen mit dem Verstand wegwischen
- für alles eine logische Erklärung suchen
- Angst vor Hellsichtigkeit

Diese Engel-Essenz hilft:

- Aus der Intuition heraus zu leben
- Die Wahrheit deutlicher zu spüren
- Mediale Fähigkeiten zu entwickeln
- Auf die innere Stimme zu vertrauen
- Wissen früherer Inkarnationen zu aktivieren

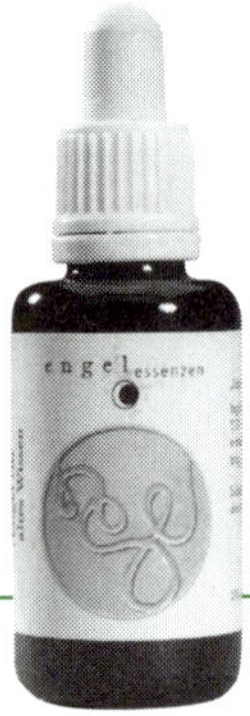

Unterscheidung:

Engel-Essenz No. 19 – Engel für spirituelles Erwachen:
schenkt Mut, zu seiner (erwachten) Spiritualität zu stehen
Engel-Essenz No. 25 – Spirituelle Kraft und Umsetzung:
hilft, auf dem eingeschlagenen spirituellen Weg zu bleiben
Engel-Essenz No. 41 – Göttliche Weisheit:
verbindet mit Wissen aus früheren Inkarnationen und der „Göttlichen Datenbank"

Engelessenz No. 35

Grundthema:	Tatkraft und Erfolg
Chakrenebene:	Solarplexus-Chakra
Farbfrequenz:	goldgelb
Affirmation:	**Ich glaube an mich und an meinen Erfolg.**

Seelisch-mentale Blockaden:

- Erfolge in Frage stellen
- „Das Handtuch werfen“
- Angst vor Erfolg haben
- sich als Versager fühlen
- sich keine Ziele setzen

Diese Engel-Essenz hilft:

- Pionierarbeit zu leisten
- Ideen in die Tat umzusetzen
- an finanzielle Erfolge zu glauben
- Träumen Kraft zu verleihen
- die eigenen Begrenzungen zu überwinden

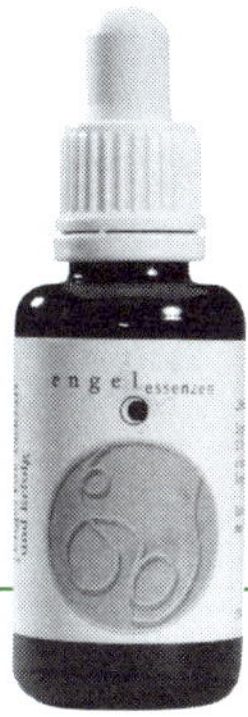

Unterscheidung:

Engel-Essenz No. 21 – Beharrlichkeit und Erfüllung:
unterstützt den Glauben an einen positiven Ausgang
Engel-Essenz No. 30 – Mut und Beharrlichkeit:
stärkt Durchhaltevermögen und verhilft zu Selbstdisziplin

Engelessenz No. 36

Grundthema: Loslassen
Chakrenebene: alle Chakren
Farbfrequenz: weiß
Affirmation: **Im Loslassen liegt die einzige Sicherheit.**

Seelisch-mentale Blockaden:

- Angst vor Verlusten
- Kinder / Partner überbehüten
- sammeln und horten
- sich nach allen Richtungen absichern
- mit großer Anstrengung etwas besitzen oder erreichen wollen

Diese Engel-Essenz hilft:

- Fixierungen aufzugeben
- sich völlig Neuem zu öffnen
- Herzenswünsche loszulassen
- auf den göttlichen Plan zu vertrauen
- von belastenden Vorstellungen freizukommen

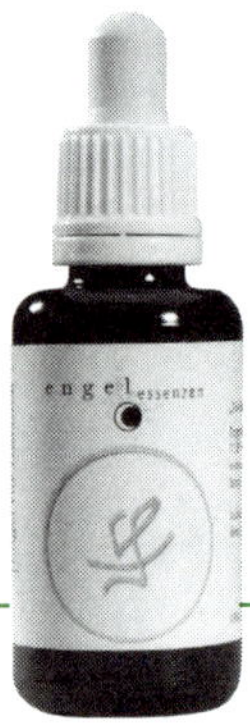

Unterscheidung:

Engel-Essenz No. 4 – Reinheit und Klarheit:
bringt Klarheit in verworrene Situationen; klärt alte blockierende Muster und Vorstellungen

Engel-Kombi-Essenz / Öl No. 4 – Aniel | Erkältung, Entgiftung, Entschlackung:
befreit von emotionalen, energetischen und chemischen Schlacken

Engel-Kombi-Essenz / Öl No. 27 – Sariel | Knochen:
unterstützt die Loslösung von Normen, Regeln und Fixierungen (erstarrte Sichtweise)

Engel-Kombi-Essenz / Öl No. 30 – Sirael | Wechsel:
erleichtert den Wechsel von einem Lebensabschnitt in den nächsten

Engel-Kombi-Essenz / Öl No. 55 – Licael | Lymphe:
befreit von emotionalen Vergiftungen

Engelessenz No. 37

Grundthema: All-Liebe
Chakrenebene: Scheitel-Chakra
Farbfrequenz: magenta
Affirmation: **Ich entwickle mich von der bedingungslosen zur allumfassenden Liebe.**

Seelisch-mentale Blockaden:

- bewerten und verurteilen
- Neid und Eifersucht
- ständig Forderungen stellen
- schwierige karmische Beziehungen

Diese Engel-Essenz hilft:

- trotz Schwierigkeiten zu lieben
- Liebe zu Menschen, Tieren, Pflanzen zu entwickeln
- den Himmel auf die Erde zu bringen
- Menschen in ihrer Ganzheit zu lieben
- transpersonale Liebe zu leben

Unterscheidung:

Engel-Essenz No. 14 – Liebe und Bedingungslosigkeit:
bewahrt davor, Liebe an Bedingungen zu knüpfen
Engel-Essenz No. 20 – Liebe und Beziehungen:
unterstützt die Erkenntnis, das an Liebe zurückzubekommen, was wir zu geben bereit sind
Engel-(Aura-)Essenz No. 44 – Erzengel Chamuel:
heilt seelische Verletzungen aus der Kindheit und aus Liebesbeziehungen

Engelessenz No. 38

Grundthema: Karmaerlösung
Chakrenebene: alle Chakren
Farbfrequenz: weiß
Affirmation: **Ich darf mich von karmischen Belastungen befreien.**

Seelisch-mentale Blockaden:

- „Warum gerade ich?“
- aus Situationen nichts lernen
- problematische zwischenmenschliche Beziehungen
- an kaputten Beziehungen festhalten
- immer wiederkehrende Schwierigkeiten

Diese Engel-Essenz hilft:

- Lernaufgaben besser zu meistern
- den Lebensplan zu akzeptieren
- unangenehme Situationen zu beenden
- die Sinnhaftigkeit von Krankheiten zu verstehen
- Schicksalsschläge besser anzunehmen

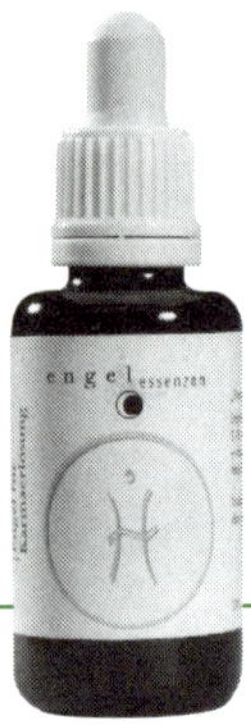

Unterscheidung:

Engel-Kombi-Essenz / Öl No. 25 – Cithael | Karma:
unterstützt tiefgreifende bzw. therapeutische Karma-Aufarbeitung

Engelessenz No. 39

Grundthema: Gnade
Chakrenebene: Solarplexus-Chakra
Farbfrequenz: orange-gold
Affirmation: **Ich erfahre Gnade in meinem Leben.**

Seelisch-mentale Blockaden:

- Gefahren ausgesetzt sein
- alle Hoffnungen aufgeben
- Stillstand auf allen Ebenen
- scheinbar ausweglose Situationen

Diese Engel-Essenz hilft:

- göttliche Hilfe zu erhalten
- Wunder wahr werden zu lassen
- karmische Prozesse abzukürzen
- Gesetzmäßigkeiten außer Kraft zu setzen

Unterscheidung:

Keine vergleichbare Essenz

Engelessenz No. 40

Grundthema:	Göttliche Kraft
Chakrenebene:	Wurzel-Chakra
Farbfrequenz:	himbeerrot
Affirmation:	**Mit deiner Hilfe komme ich in die Göttliche Kraft.**

Seelisch-mentale Blockaden:

- Opferrolle übernommen haben
- sich innerlich leer fühlen
- geistige / körperliche Erschöpfung
- Energieverlust nach Operationen
- Erschöpfungszustände von Therapeuten

Diese Engel-Essenz hilft:

- Energiedefizite wieder aufzufüllen
- nach Krankheit / Operation schneller zu Kräften zu kommen
- eine schwierige Zeit besser durchzustehen
- sich nicht als „Energiespender“ zur Verfügung zu stellen
- an die Göttliche Kraftquelle angeschlossen zu werden

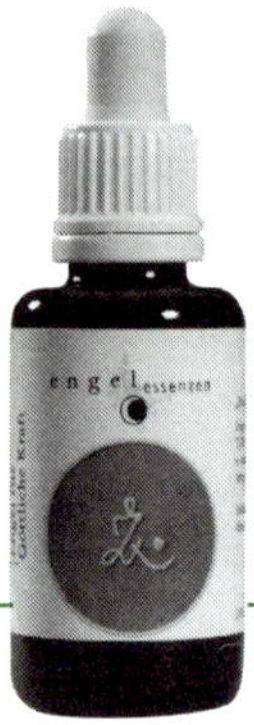

Unterscheidung:

Engel-Essenz No. 5 – Kraft und Stärke:
hilft, kräftezehrende Verrichtungen im Alltag oder in der Pflege anderer Menschen auszugleichen

Engel-Essenz No. 30 – Mut und Beharrlichkeit:
unterstützt unser Durchhaltevermögen und unser konsequentes Handeln

Engel-Kombi-Essenz No. 8 – Armiel | Parasiten:
fördert das Erkennen und die Abgrenzung von „menschlichen Energieräubern“

Engel-Aura-Essenz – Energetische Abgrenzung:
schützt vor energetischen Lecks und füllt verlorengegangene Energien wieder nach

Engelessenz No. 41

Grundthema:	Göttliche Weisheit
Chakrenebene:	Solarplexus-Chakra
Farbfrequenz:	orange
Affirmation:	**Mit deiner Hilfe komme ich an meine innere Göttliche Weisheit.**

Seelisch-mentale Blockaden:

- Fantasie mit Intuition verwechseln
- absolute Wissenschaftsgläubigkeit
- Angst vor der inneren Stimme
- alles mit dem Verstand hinterfragen
- nur Beweisbares gelten lassen

Diese Engel-Essenz hilft:

- Informationen aus der Engelwelt zu erhalten
- Hellsichtigkeit/ -fühligkeit/ -hörigkeit zu entfalten
- mit der geistigen Welt in direkten Kontakt zu treten
- Zugang zum Wissen früherer Inkarnationen zu bekommen
- sich mit der „Göttlichen Datenbank“ zu verbinden

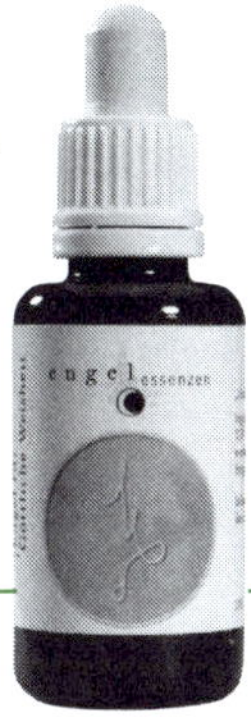

Unterscheidung:

Engel-Essenz No. 34 – Altes Wissen:
erweckt mitgebrachtes, inneres Wissen, innere Weisheit

Engelessenz No. 42

Grundthema: Erzengel Michael (Schutz)
Chakrenebene: Stirn-Chakra
Farbfrequenz: lapisblau
Affirmation: **Mit deiner Hilfe bin ich auf allen Ebenen geschützt.**

Besonderheit: Aura-Essenz

Seelisch-mentale Blockaden:

- sich Gefahren aussetzen
- die Nerven verlieren
- bewusste und unbewusste Ängste
- ungerecht behandelt werden
- neue, unbekannte Lebensumstände

Diese Engel-Essenz hilft:

- loszulassen und zu vertrauen
- sich für eine gute Sache stark zu machen
- sich innerlich zu entkrampfen
- in kritischen Situationen ruhig zu bleiben
- sich absolut sicher und geborgen zu fühlen

Unterscheidung:

Engel-Essenz No. 11 – Geborgenheit und Sicherheit:
unterstützt Geborgenheit und Sicherheit trotz negativer Erfahrungen
Engel-Essenz No. 36 – Loslassen:
hilft, alte Muster und Vorstellungen, aber auch Beziehungen, Jobs und materielle Sicherheiten loszulassen
Engel-Kombi-Essenz No. 39 – Raniel | Entspannung:
beruhigt in Situationen der Angst, der Unsicherheit, der Überarbeitung, der Ruhelosigkeit
Engel-Kombi-Essenz / Öl No. 41 – Somiel | Panikattacken:
vermindert immer wiederkehrende Gefühle von Panik, Ausweglosigkeit und diffusen Ängsten

Engelessenz No. 43

Grundthema: Erzengel Jophiel (Weisheit, Heiterkeit)
Chakrenebene: Solarplexus-Chakra
Farbfrequenz: orange
Affirmation: **Mit deiner Hilfe gelange ich an meine innere Weisheit.**

Besonderheit: Aura-Essenz

Seelisch-mentale Blockaden:

- geistige Trägheit
- starke Selbstzweifel
- Freudlosigkeit / Phlegma
- Angst / Verwirrung
- Lustlosigkeit / Verdrossenheit

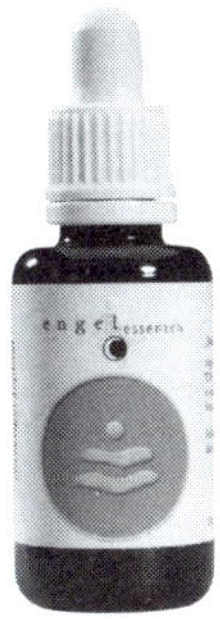

Diese Engel-Essenz hilft:

- Heiterkeit und Lebendigkeit zu genießen
- nach dem inneren Wissen zu leben
- sich geistig weiterzuentwickeln
- Freude / Fröhlichkeit / Dankbarkeit zu empfinden
- von festgefahrenen Ansichten loszukommen

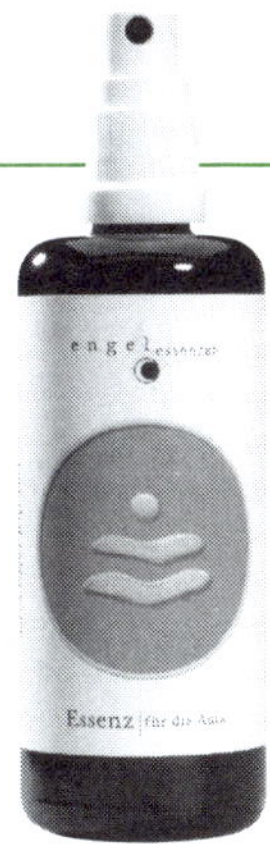

Unterscheidung:

Engel-Essenz No. 16 – Schöpferische Weisheit:
hilft, die innere Weisheit durch Kreativität ans Tageslicht zu bringen
Engel-Essenz No. 34 – Altes Wissen:
erweckt mitgebrachtes, inneres Wissen, innere Weisheit
Engel-Essenz No. 41 – Göttliche Weisheit:
verbindet mit Wissen aus früheren Inkarnationen
und der „Göttlichen Datenbank"
Engel-Kombi-Essenz / Öl No. 22 – Doriel | Ängste, depressive Verstimmungen:
lindert unbewusste, immer wieder auftretende Ängste
und Gefühle der Unsicherheit

Engelessenz No. 44

Grundthema:	Erzengel Chamuel (Liebe)
Chakrenebene:	Herz-Chakra
Farbfrequenz:	magenta
Affirmation:	**Mit deiner Hilfe lerne ich, bedingungslos zu lieben.**
Besonderheit:	Aura-Essenz

Seelisch-mentale Blockaden:

- Angst vor (intensiven) Gefühlen
- Nähe nicht zulassen können
- Verletzungen aus der Kindheit oder Partnerschaften
- kein Vertrauen in Beziehungen haben
- Liebes- und Gefühlsdefizite

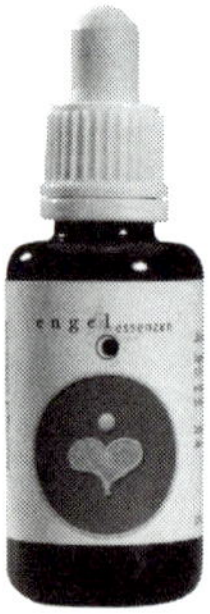

Diese Engel-Essenz hilft:

- Liebe zu geben und zu empfangen
- das Herz-Chakra zu öffnen
- seine (innere) Weiblichkeit zu leben
- seelische Verletzungen zu heilen (Inneres Kind)
- zwischenmenschliche Liebe zu leben

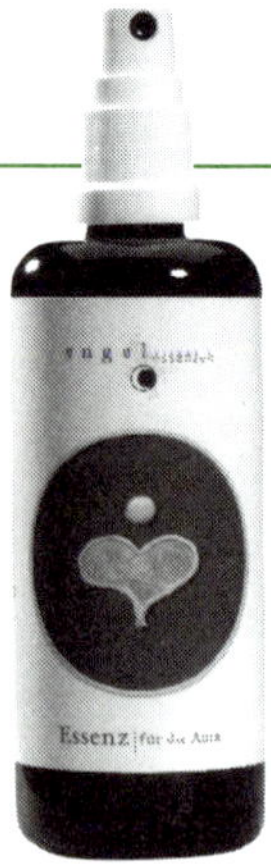

Unterscheidung:

Engel-Essenz No. 2 – Liebe und Selbstliebe:
hilft, sich selbst zu lieben und wertzuschätzen
Engel-Essenz No. 14 – Liebe und Bedingungslosigkeit:
zeigt auf, dass Liebe kein Ego kennt und somit nicht eingefordert werden kann
Engel-Essenz No. 20 – Liebe und Beziehungen:
unterstützt die Erkenntnis, dass wir das an Liebe zurückbekommen, was wir bereit sind zu geben
Engel-Essenz No. 37 – All-Liebe:
unterstützt die Entwicklung von der persönlichen zur allumfassenden Liebe

Engelessenz No. 45

Grundthema: Erzengel Gabriel (Klärung)
Chakrenebene: alle Chakren
Farbfrequenz: weiß
Affirmation: **Mit deiner Hilfe gelange ich zu Klarheit.**

Besonderheit: Aura-Essenz

Seelisch-mentale Blockaden:

- emotional vergiftet sein
- sich mit Zweifeln herumschlagen
- sich schwer entscheiden können
- in einer aussichtslosen Situation stecken

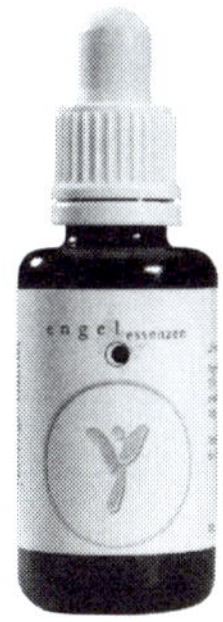

Diese Engel-Essenz hilft:

- Klarheit in Entscheidungen zu bringen
- den eigenen Lebensplan deutlicher zu sehen
- eine verwirrte Situation aufzulösen
- sich von seelischen Schlacken zu reinigen
- sein Spiegelbild im Umfeld deutlicher zu erkennen

Unterscheidung:

Engel-Essenz No. 4 – Reinheit und Klarheit:
bringt Klarheit in verworrene Situationen; klärt alte blockierende Muster und Vorstellungen

Engel-Kombi-Essenz / Öl No. 4 – Aniel | Erkältung, Entgiftung, Entschlackung:
befreit von emotionalen, energetischen und chemischen Schlacken

Engel-Kombi-Essenz / Öl No. 55 – Licael | Lymphe:
befreit von emotionalen Vergiftungen

Engel-(Aura-)Essenz – Energetische Reinigung:
reinigt die Aura von allen Fremdenergien und verhafteten Seelen

Engelessenz No. 46

Grundthema: Erzengel Raphael (Heilung)
Chakrenebene: Herz-Chakra
Farbfrequenz: smaragdgrün
Affirmation: **Mit deiner Hilfe werde ich heil an Körper, Geist und Seele.**

Besonderheit: Aura-Essenz

Seelisch-mentale Blockaden:
- sich eingeschränkt fühlen
- das Herz-Chakra verschließen
- im Heilungsprozess stagnieren
- Heilkräfte brachliegen lassen
- die Hoffnung auf Heilung aufgeben

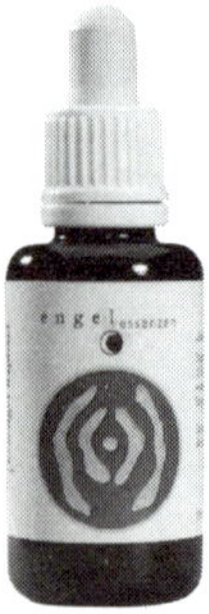

Diese Engel-Essenz hilft:
- Heilung zuzulassen
- sich Menschen zu öffnen
- sich seiner Heilerfähigkeiten bewusst zu werden
- Verletzungen auf der Herzensebene zu heilen
- alle Arten von Heilungsprozessen zu unterstützen

Unterscheidung:

Engel-Kombi-Essenz / Öl No. 1 – Lariel | Körperlicher Notfall:
hilft bei körperlichen Notfällen und unterstützt alle Arten von Therapie
Engel-Kombi-Essenz / Öl No. 2 – Nanael | Seelischer Notfall:
hilft bei seelischen Notfällen und unterstützt alle Arten von Therapie
Engel-Kombi-Essenz / Öl No. 43 – Loriel | „Die 7 Nothelfer":
unterstützt alle Arten von Therapie; „Anreißer" bei Stagnation im Heilungsprozess

Engelessenz No. 47

Grundthema:	Erzengel Uriel (Freude, Stärke)
Chakrenebene:	Wurzel-Chakra
Farbfrequenz:	orangerot
Affirmation:	**Mit deiner Hilfe lasse ich die Freude ein in mein Leben.**
Besonderheit:	Aura-Essenz

Seelisch-mentale Blockaden:

- aus der Mitte gefallen sein
- sich energetisch leer fühlen
- zaudernd / wankelmütig sein
- die Freude an allem verloren haben
- Ideen und Vorhaben nicht umsetzen

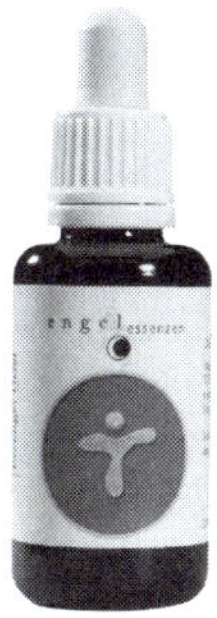

Diese Engel-Essenz hilft:

- innere Struktur und Halt zu finden
- sich zu zentrieren und zu erden
- Mut und Freude wiederzuerlangen
- Pläne und Ideen in die Tat umzusetzen
- die Pflichten des Alltags mit Freude zu bewältigen

Unterscheidung:

Engel-Essenz No. 5 – Kraft und Stärke:
hilft, kräftezehrende Verrichtungen im Alltag oder in der Pflege anderer Menschen auszugleichen

Engel-Essenz No. 30 – Mut und Beharrlichkeit:
unterstützt unser Durchhaltevermögen und unser konsequentes Handeln

Engel-Essenz No. 40 – Göttliche Kraft:
schenkt uns in belastenden Situationen göttliche Kraft und Stärke

Engel-Kombi-Essenz No. 40 – Arkiel | Aktivierung:
bringt uns trotz Burn-out-Gefühlen, Energie- und Lustlosigkeit wieder auf die Beine

Engel-Aura-Essenz – Energetische Abgrenzung:
schützt vor energetischen Lecks und füllt verlorengegangene Energien wieder nach

Engelessenz No. 48

Grundthema: Erzengel Zadkiel (Veränderung)
Chakrenebene: Scheitel-Chakra
Farbfrequenz: violett
Affirmation: **Mit deiner Hilfe vergebe und erlöse ich.**

Besonderheit: Aura-Essenz

Seelisch-mentale Blockaden:

- Angst vor Veränderung
- Nicht-hier-sein-Wollen
- Unbewältigte Trauer
- schmerzhafte Veränderungen
- in einer Entwicklungsphase stecken bleiben

Diese Engel-Essenz hilft:

- Trauerarbeit zu unterstützen
- mediale Fähigkeiten zu entwickeln
- leichter zu vergeben und zu verzeihen
- seinen Platz in der Welt zu finden
- Veränderungsprozesse sanfter zu durchleben

Unterscheidung:

Engel-Essenz No. 6 – Veränderung und Verwandlung:
hilft, im Fluss des Lebens zu bleiben
Engel-Essenz No. 26 – Erneuerung und Entwicklung:
unterstützt Entwicklung auf allen Ebenen; löst Angst und / oder Bequemlichkeit in Erneuerungsprozessen
Engel-Kombi-Essenz / Öl No. 30 – Sirael | Wechsel:
erleichtert den Wechsel von einem Lebensabschnitt in den nächsten

Engelessenz No. 49

Grundthema:	Erzengel Metatron (Lebensplan)
Chakrenebene:	alle Chakren
Farbfrequenz:	weiß-gold
Affirmation:	**Mit deiner Hilfe erfülle ich meinen Lebensplan.**
Besonderheit:	Aura-Essenz

Seelisch-mentale Blockaden:

- „In der Luft hängen“
- unerfüllte Herzenswünsche
- vom Lebensplan abgekommen sein
- die Sinnhaftigkeit des Lebens nicht erkennen
- sich ohne erkennbaren Grund unwohl fühlen

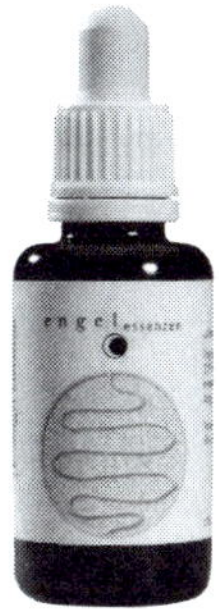

Diese Engel-Essenz hilft:

- Visionen in die Realität zu bringen
- Spiritualität zu entwickeln und zu leben
- mit dem Göttlichen in Verbindung zu kommen
- Zugang zur Akasha-Chronik zu erlangen
- Körper, Geist und Seele in Einklang zu bringen

Unterscheidung:

Engel-Essenz No. 8 – Richtung und Ziel:
hilft, Ziele zu erkennen und zu erreichen
Engel-Essenz No. 35 – Tatkraft und Erfolg:
fördert die erfolgreiche Umsetzung von Visionen und Plänen
Engel-(Aura-)Essenz No. 48 – Erzengel Zadkiel:
unterstützt tiefgreifende Veränderungen im Leben

Meditation

Lassen Sie sich diesen Meditationstext vorlesen oder sprechen Sie ihn auf Band.

Du hast deine Engelessenz mit Bedacht ausgewählt: Nimm sie zur Hand, gib davon ein paar Tropfen auf deine Zunge, ein paar auf den Puls deines Handgelenks und verreibe sie sanft auf deiner Haut.

Setze oder lege dich bequem hin, schließe deine Augen und fühle, wie sich deine Engelessenz, diese Engelsenergie in deinem Körper gleichmäßig verteilt. Sie fließt durch den ganzen Körper, in alle Organe, in alle Zellen deines physischen Körpers. Jede einzelne Zelle wird davon erfüllt, erneuert und gestärkt. Fühle das Prickeln, das Funkeln, das Leuchten in dir.

Von deinem physischen Körper wandert die Engelsenergie weiter in deine Aura, in deinen feinstofflichen Körper.

Die erste Auraschicht umhüllt deinen Körper im Abstand von etwa zwei Zentimetern. Sie hat die gleiche Form wie dein physischer Körper und sieht aus wie ein pulsierendes, graublaues Lichtnetz. In dieser Auraschicht sind alle Empfindungen deines Körpers abgespeichert.
All deine Verspannungen und Schmerzen, dein Unwohlsein und Unbehagen. Fühle genau, wo dein Körper sich nicht wohl fühlt, und schicke dorthin die Energie der Engelessenz. Spüre, wie sich die Verspannungen lösen, wie die Schmerzen schwächer werden.

Nun wandert die Engelenergie in deinen nächsten feinstofflichen Körper, in den Emotionalkörper. Etwa acht Zentimeter von deinem physischen Körper entfernt pulsiert dieser Körper in allen Farben des Regenbogens. Du kannst ihn dir als bunte Wolken vorstellen, die dich sanft umgeben. An manchen Stellen findest du ein graues oder dunkles Wölkchen. Das sind deine mangelnde Selbstliebe, deine seelischen Verletzungen, die du möglicherweise schon lange Zeit mit dir herumschleppst. Lenke die Energie deiner Engelessenz genau dorthin und fühle, wie sich die grauen Flecken in bunte Farben verwandeln und deine seelischen Schmerzen auflösen.

Ein Teil deiner Engelessenz möchte weiterwandern. Sie fließt nun in deinen nächsten Körper, den Mentalkörper, der etwa fünfzehn Zentimeter von deinem physischen Körper entfernt ist. Seine Farbe ist Zitronengelb, und er hat die Form eines Lichtschleiers. Im Mentalkörper sind deine Gedanken gespeichert, positive wie negative.
An den Stellen, wo der zitronengelbe Lichtschleier löchrig ist, sitzen deine Ängste und deine Sorgen, deine belastenden Gedanken, deine Zweifel und deine Mutlosigkeit. Fülle diese Löcher mit der heilenden Kraft deiner Engelessenz wieder auf.

Ist das geschehen, schicke die Engelenergie – bis etwa 25 Zentimeter von dir entfernt – in deinen nächsten feinstofflichen Körper, in den Astralkörper. Dieser Körper ist gefüllt mit bunten Flüssigkeiten, die von Rosa durchtränkt sind. Je mehr Rosa du siehst, desto mehr Liebe verbindet dich mit deinen Mitmenschen. Vielleicht findest du jedoch eine graue, stagnierende Schicht darunter. Durchdringe sie mit der Kraft deiner Engelessenz und spüre intensiv die Liebe zu deinem Partner, zu deinen Kindern, zu deinen Freunden, deinen Arbeitskollegen, zu deinen Nachbarn oder zu Menschen, die einsam oder traurig sind. Bleib ein wenig in diesem Gefühl und verströme es an alle Menschen, die du liebst.

Nun gehe weiter. Dein nächster Körper heißt „Ätherische Blaupause". Er ist etwa 65 cm von deinem physischen Körper entfernt und du siehst auf kobaltblauem Hintergrund transparente Linien, die dieselbe Form wie dein physischer Körper haben. Ein wenig schwierig, sich das vorzustellen? Macht nichts. Deine Engelessenz ist längst dorthin geströmt und hilft, deinen Göttlichen Plan zu erkennen, deine Kreativität zu erwecken. Das, was du bisher noch nicht gelebt hast, was an Fähigkeiten in dir noch schlummert. Lass dir Zeit und stell dir vor, was du noch alles in dir entdecken möchtest.

Nun wandert die Kraft deiner Engelessenz weiter in deinen sechsten, deinen Himmlischen Körper. Ein zarter Lichtschein umgibt dich im Abstand von etwa 80 Zentimetern: irisierende, schillernde Pastellfarben, umgeben von einem silbrigen Glanz. Stell dir einfach die Innenseite einer Muschel vor, dann hast du die Farben deines Himmlischen Körpers vor Augen. In diesem Körper hilft dir deine Engelessenz, in die All-Liebe zu kommen, die nichts mehr mit persönlicher Liebe zu tun hat. Diese Liebe fragt nicht nach Warum oder Wann. Sie verströmt sich einfach. Gehe in dieses Gefühl und verbinde dich in Liebe mit allen Menschen und Wesen dieser Erde.

Nun sind wir bei unserer äußersten Auraschicht, dem Kausalen Körper, angelangt. Er hat die Form eines goldenen Eies, das alle darunter liegenden Auraschichten mit seiner goldenen Schale umfängt. Deine Engelessenz fließt in diese Eischale hinein, die etwa einen Meter von deinem physischen Körper entfernt ist, und du fühlst, wie sie davon gestärkt wird. Die Engelenergie aktiviert deinen Kausalen Körper, der dich mit dem Göttlichen verbindet. Fühle heitere Gelassenheit, die dich umfängt, und gib dich ihr ein paar Minuten hin.

Bedanke dich nun bei deinem Körper, bei deiner Aura – und vor allem bei den Engeln, die dir die Möglichkeit geben, dich jeden Tag mit Hilfe ihrer Essenzen energetisch aufzuladen, zu stärken und zu schützen.

Komm nun ganz behutsam in deinen physischen Körper zurück, recke und strecke deine Arme und Beine, und wenn du soweit bist, öffne langsam deine Augen.

Nach dieser Meditation sprühe dich zum Erden kräftig mit der Engel-Aura-Essenz „Uriel" ein!

Engel-Kombi-Essenzen und Engel-Kombi-Öle 1 – 59

„Benützt die neuen spirituellen Hilfsmittel zur Verbesserung eures Lebens. Die Energie, die jetzt zu euch kommt, ist aus demselben Stoff wie die Bundeslade!" *>Kryon<*

„Engel-Kombi-Essenzen? Gibt es die im Kombi-Angebot?", fragte mich eine Dame während eines Vortrags in Wien. Engelessenzen im Kombi-Angebot zu verschleudern, dazu sind sie mir ehrlich gesagt zu kostbar.

Sie wissen bereits, dass die Engel-Essenzen dieselben Engelenergien enthalten wie die Symbole selbst. Nun, in den Engel-Kombi-Essenzen und Engel-Kombi-Ölen ist *nicht nur* die Energie *eines* Symbols, sondern die Engels-, Farb- und Symbolschwingung *mehrerer* Symbole, *die der Engel-Therapie-Symbole,* enthalten. Daher die Bezeichnung „Kombi". Wirkung und Anwendung dieser Engel-Therapie-Symbole werden in meinem Buch „Heilen mit Engel-Therapie-Symbolen" ausführlich beschrieben.

Wie der Name schon sagt, unterstützen Engel-Therapie-Symbole – und somit auch Engel-Kombi-Essenzen und Öle – die therapeutische Arbeit und Prozesse auf der körperlichen Ebene. Engel-Kombi-Essenzen / Öle sind demnach in erster Linie für Therapeuten gedacht, aber auch für Laien, die Ausbildungen in Kinesiologie, Reiki, Bachblüten etc. absolviert haben.

Engel-Kombi-Essenzen und Engel-Kombi-Öle unterstützen alle Arten von Therapien, die Vor- und Nachbehandlung von therapeutischen Sitzungen und sind für den verantwortungsvollen Eigenbedarf gedacht. **Sie sind**

jedoch keine Heilmittel im medizinischen Sinne und ersetzen keine medizinische Behandlung!

Um Engel-Kombi-Essenzen optimal zum Einsatz zu bringen, sollte man diese nach Möglichkeit exakt (mittels kinesiologischem Muskeltest, Biotensor, Pendel, etc.) auswählen. Um Ihnen das zu erleichtern, sind Pendellisten diesem Buch beigefügt. **Es ist ein Trugschluss zu glauben, dass man über die Zuordnung der „Körperlichen Ebene“ Engel-Kombi-Essenzen / Öle richtig auswählen kann. Die Trefferquote einer solchen Zuordnung liegt in diesem Fall bei 85 Prozent.**

Und noch etwas: Engel-Kombi-Öle dürfen nur äußerlich angewendet werden. Bitte nicht auf verletzte oder irritierte Hautzonen auftragen und schon gar nicht schlucken!

Viel Freude und Erfolg bei der Arbeit mit den Engel-Kombi-Essenzen und Engel-Kombi-Ölen!

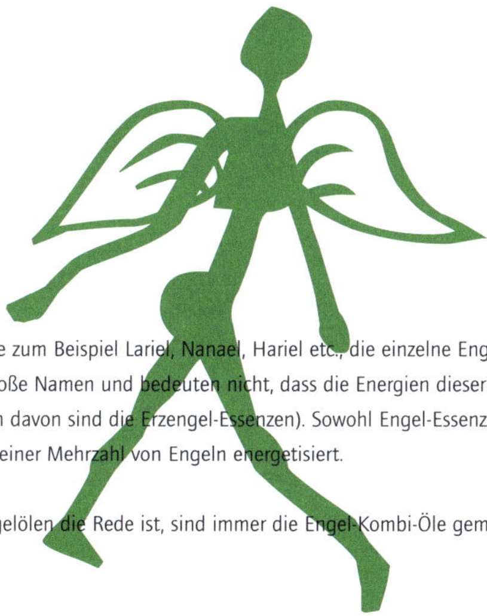

Wichtig zu wissen: Engelnamen, wie zum Beispiel Lariel, Nanael, Hariel etc., die einzelne Engel-Kombi-Essenzen / Öle voneinander unterscheiden, sind bloße Namen und bedeuten nicht, dass die Energien dieser Engel in den Essenzen / Ölen enthalten sind (ausgenommen davon sind die Erzengel-Essenzen). Sowohl Engel-Essenzen als auch Engel-Kombi-Essenzen / Öle werden immer von einer Mehrzahl von Engeln energetisiert.

Und: wenn in diesem Buch von Engelölen die Rede ist, sind immer die Engel-Kombi-Öle gemeint.

Engel-Kombi-Essenzen
Engel-Kombi-Öle und körperliche Ebene

Es ist mir außerordentlich wichtig, noch einmal darauf hinzuweisen, dass die auf den Folgeseiten beschriebene „Körperliche Ebene“ der Essenzen und Öle

> **nur eine Zuordnung zu körperlichen Symptomen und deren seelischen Ursachen sein kann.**

Immer wieder wird geglaubt, dass beispielsweise mit der Engel-Kombi-Essenz / Öl No. 5 | Rahael Kopfschmerzen und Migräne geheilt werden können. Tatsächlich ist dies schon in vielen Fällen gelungen, wie die Praxis zeigt, aber

> **gehen Sie bitte niemals davon aus, dass Essenzen oder Öle medizinische Maßnahmen ersetzen. Sie wirken auf der feinstofflichen Ebene!**

Idealerweise werden die Engel-Kombi-Essenzen und Engel-Kombi-Öle ausgetestet. Damit lassen sich die seelisch-emotionalen Hintergründe genau herausfinden. Dabei kommt es immer wieder zu Überraschungen:

> **Wundern Sie sich bitte nicht, wenn Sie beispielsweise für einen Mann die „Menstruations-Essenz“ austesten. Es geht auch hier wiederum nur um eine seelisch-emotionale Komponente zu seinem Problem. Und zwar um die Themen Angst vor „zu weiblichen“ Gefühlen; Angst, sexuell verletzt zu werden; karmische Belastungen etc.**

- **Beispielsweise konnte jemand mit der Essenz No. 5 | Rahael sein Migräneproblem nicht lösen. Klar: Wenn die Ursache für seine Migräne möglicherweise im Bereich Chakren oder energetische Abgrenzung liegt, werden Sie mit den „Migräne-Tropfen" keinen Erfolg haben.**

- **Es kam auch vor, dass ein Klient das „Warzen-Öl" benötigte, obwohl er noch nie in seinem Leben Warzen hatte. In diesem Fall wurden gemeinsam mit ihm die Themen Abgrenzungsprobleme, eigene Schattenseiten sehen und spüren, harmlose innere Konflikte, sich nutzlos, unausgelastet fühlen usw. durchleuchtet.**

Für alle jene, die nicht testen können oder wollen, finden Sie eine Zusammenfassung der wichtigsten Engel-Kombi-Essenzen und Engel-Kombi-Öle ab Seite 182.

48

Engel-Kombi-Essenzen

52

Engel-Kombi-Öle

Engel-Kombi-Essenz und Engel-Kombi-Öl No. 1 | LARIEL

Grundthema:	Körperliche Notfälle
Chakrenebene:	alle Chakren
Farbfrequenz:	dunkelblau-violettblau
Körperebene:	Für alle Unfälle und Notfälle körperlicher Art!
Affirmation:	**Ich aktiviere die Selbstheilungskräfte meines Körpers.**
Besonderheit:	In Kombination mit Engel-Kombi-Essenz / Öl No. 2 Nanael noch wirkungsvoller!

Seelisch-mentale Blockaden:

- Angst und Panik in Krankheits- und Unfallsituationen
- Schocks (auch weiter zurückligende)
- Neigung zu Unfällen, Tendenz zu häufigem Erkranken
- immer wieder aus der inneren Mitte fallen
- Heilungsprozesse nicht zulassen

Diese(s) Engel-Kombi-Essenz / Öl hilft:

- sich gegen alle Arten von körperlichen Notfällen zu wappnen
- wiederkehrende Symptome auf der körperlichen Ebene zu lindern
- die Neigung zu Unfällen zu reduzieren
- den Weg ins innerste Selbst zu offenbaren
- sein Heil zu suchen und zu finden

Unterscheidung:

Engel-(Aura-)Essenz No. 46 – Raphael:
öffnet und heilt das Herz-Chakra und ermöglicht somit Heilung auf allen Ebenen

Engel-Kombi-Essenz / Öl No. 2 – Nanael | Seelischer Notfall:
hilft bei seelischen Notfällen und Schocks, die daraus resultieren;
unterstützt alle Arten von Therapien

Engel-Kombi-Essenz / Öl No. 43 – Loriel | „Die 7 Nothelfer":
unterstützt alle Arten von Therapie; „Anreißer" bei Stagnation im Heilungsprozess

Anwendung Öl:
Bei Verstauchungen, leichten Verbrennungen, Quetschungen, Insektenstichen etc. ein paar Tropfen auf die betroffenen Stellen auftragen und sanft einmassieren, nicht jedoch auf offene Wunden.

Engel-Kombi-Essenz und Engel-Kombi-Öl No. 2 | NANAEL

Grundthema: Seelische Notfälle
Chakrenebene: Solarplexus
Farbfrequenz: gelb-orange
Körper- / Emotionalebene: Für alle Schocksituationen und Notfälle seelischer Art!
Affirmation: **Ich kehre in meine innere Mitte zurück.**
Besonderheit: In Kombination mit Engel-Kombi-Essenz / Öl No. 1 | Lariel noch wirkungsvoller!

Seelisch-mentale Blockaden:

- seelische Ausnahmezustände wie Schock, Panik, Verzweiflung, Hysterie
- seelische Instabilität
- Flucht in die Resignation
- seelische Belastung durch Krankheit, Todesfall
- Angst und Stress

Diese(s) Engel-Kombi-Essenz / Öl hilft:

- sich nach Schreck- / Schocksituationen zu beruhigen
- vor und nach Operationen emotionale Belastungen abzubauen
- nach Schocks die Seele wieder in den Körper „einzufädeln"
- Angst vor unangenehmen Situationen zu verringern
- Traumata aufzulösen
- den richtigen Weg (wieder) zu finden

Unterscheidung:

Engel-Essenz No. 1 – Glaube und Vertrauen: hilft, dem Fluss des Lebens zu vertrauen
Engel-Essenz No. 11 – Geborgenheit und Sicherheit: unterstützt Geborgenheit und Sicherheit trotz negativer Erfahrungen
Engel-(Aura-)Essenz No. 42 – Erzengel Michael: schützt und beruhigt, besonders in schwierigen Lebenslagen, bei Krankheit und auf Reisen; beruhigt in Angstsituationen
Engel-Kombi-Essenz / Öl No. 1 – Lariel | Körperlicher Notfall:
hilft in Krankheits- und Unfallsituationen; unterstützt alle Arten von Körpertherapien
Engel-Kombi-Essenz / Öl No. 22 – Doriel | Ängste und depressive Verstimmungen:
hilft bei Schul- und Versagensängsten, „Angst-Bauchschmerzen" und lähmenden Ängsten
Engel-Kombi-Essenz No. 39 – Raniel | Entspannung:
beruhigt in Situationen der Angst, der Unsicherheit, der Überarbeitung, der Ruhelosigkeit
Engel-Kombi-Essenz / Öl No. 41 – Somiel | Panikattacken: vermindert immer wiederkehrende Gefühle von Panik, Ausweglosigkeit und diffusen Ängsten
Anwendung Öl: Ein paar Tropfen eine Handbreite oberhalb des Nabels auftragen und sanft einmassieren. Eventuell mit reinem Jojobaöl strecken und großflächig anwenden.

Engel-Kombi-Öl No. 3 | HARIEL
keine Essenz

Grundthema:	Schock- und Angstsituationen von Kindern
Chakrenebene:	alle Chakren
Farbfrequenz:	diverse Pastellfarben
Körper- / Emotionalebene:	Kinder-Notfälle
Besonderheit:	Engel-Aura-Essenz „Kinder-Beruhigung“
Affirmation:	**Ich vertraue mich dem Leben an.**
Besonderheit:	Für die Aufarbeitung von Schocks und Traumata aus der Kindheit!

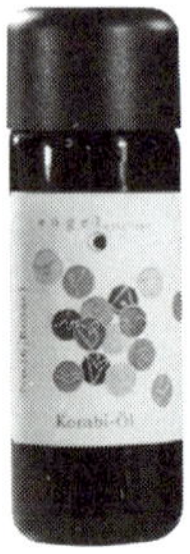

Seelisch-mentale Blockaden:
- Schocks und Ängste, die auf die Kindheit zurückzuführen sind
- sich dem Leben nicht anpassen können
- mit unangenehmen Energien nicht zurechtkommen
- sich nicht verstanden fühlen
- zu wenig Geborgenheit bekommen

Diese(s) Engel-Kombi-Öl hilft:
- Angst- und Schrecksituationen aufzulösen
- Schocks und Traumata aus der frühen Kindheit aufzuarbeiten
- Entwicklungsschritte (z.B. Trotzphase) zu erleichtern
- besser ein- oder durchzuschlafen
- die Arbeit mit dem „Inneren Kind“ zu erleichtern

Unterscheidung:

Engel-Kombi-Essenz / Öl No. 2 – Nanael | Seelischer Notfall:
hilft bei seelischen Notfällen und Schocks, die daraus resultieren;
unterstützt alle Arten von Therapien
Engel-Kombi-Öl No. 20 – verhilft zum sanften Einstieg in das irdische Leben
Engel-Kombi-Öl No. 26 – Schock in den ersten Lebensstunden, Tagen und Monaten

Anwendung Öl:
Ein paar Tropfen am Nabel, auf den Fußsohlen sowie am Puls des Handgelenks auftragen und sanft einmassieren. Mit Jojobaöl gestreckt für sanfte Kindermassage geeignet.

Engel-Kombi-Essenz und Engel-Kombi-Öl No. 4 | ANIEL

Grundthema:	Energetische, emotionale und chemische Belastungen
Chakrenebene:	Herz-, Kehl- und Stirn-Chakra
Farbfrequenz:	weiß bis transparentweiß
Körperebene:	Erkältung, Entgiftung, Entschlackung
Affirmation:	**Ich befreie mich von allem, was nicht mehr zu mir gehört.**

Seelisch-mentale Blockaden:

- Zerschlagenheit
- die Nase voll haben, jemandem etwas husten
- sich von Gedanken und Worten vergiftet fühlen
- dem Alltag entfliehen müssen
- sich für niemanden mehr erwärmen können
- mit der Umwelt(belastung) nicht klarkommen

Diese(s) Engel-Kombi-Essenz / Öl hilft:

- sich den notwendigen Raum zu verschaffen
- die eigene Beengtheit aufzulösen
- Stockendes wieder ins Fließen zu bringen
- Ballaststoffe und Giftstoffe auszuscheiden
- sich wehren zu können

Unterscheidung:

Engel-Essenz No. 4 – Reinheit und Klarheit:
bringt Klarheit in verworrene Situationen; klärt alte blockierende Muster und Vorstellungen

Engel-Kombi-Essenz / Öl No. 55 – Licael | Lymphe:
befreit von emotionalen Vergiftungen

Engel-(Aura-)Essenz – Energetische Reinigung:
reinigt die Aura von allen Fremdenergien und verhafteten Seelen

Anwendung Öl:
Ein paar Tropfen auf die Nasenflügel bzw. im Hals- und Lungenbereich auftragen und einmassieren. Oder im Nieren- und Lymphbereich auftragen und einmassieren.

Engel-Kombi-Essenz und Engel-Kombi-Öl No. 5 | RAHAEL

Grundthema:	Kreisende Gedanken, Kopflastigkeit, Überintellekt, Stress
Chakrenebene:	Stirn-Chakra
Farbfrequenz:	blau-violett
Körperebene:	Kopfschmerzen, Migräne
Affirmation:	**Ich lasse meine Gedanken los und fühle.**

Seelisch-mentale Blockaden:

- nicht auf die (eigenen) Gefühle achten
- mit dem Kopf durch die Wand gehen wollen
- übertrieben ehrgeizig sein, aber auch von Zweifeln gequält werden
- im Ego oder ständigem Zwiespalt leben
- seine Sexualität unterdrücken

Diese(s) Engel-Kombi-Essenz / Öl hilft:

- Machtspiele zu durchschauen
- sich nichts mehr um jeden Preis in den Kopf zu setzen
- sich vom Perfektionismus zu lösen
- Kränkungen nicht mehr zuzulassen
- den Durchblick zu bekommen
- selbstgemachten Stress zu erkennen

Unterscheidung:

Engel-Essenz No. 24 – Wiederkehrende Gedanken und Lösungen:
hilft, von zermürbenden, immer wiederkehrenden Gedanken loszukommen

Engel-Kombi-Essenz / Öl No. 27 – Sariel | Knochen:
unterstützt die Loslösung von Normen, Regeln und Fixierungen (erstarrte Sichtweise)

Engel-Kombi-Öl No. 44 – Korathel | Konzentration:
hilft, in die eigene Mitte zu kommen; sich nicht zu verlieren

Engel-Kombi-Essenz / Öl No. 50 – Voniel | Rheuma:
fördert Toleranz und Aufgeschlossenheit

Anwendung Öl:
Ein paar Tropfen zwischen die Augenbrauen (= Drittes Auge) bzw. am Haaransatz auftragen und sanft einmassieren. Eventuell auch im Nackenbereich anwenden.

Engel-Kombi-Essenz und
Engel-Kombi-Öl No. 6 | RAMIEL

Grundthema: Mangelnde Willenskraft; Abhängigkeit von Personen
Chakrenebene: Solarplexus
Farbfrequenz: gelb-orange
Körperebene: Süchte, Abhängigkeiten
Affirmation: **Ich genüge mir selbst.**

Seelisch-mentale Blockaden:

- innere Leere kompensieren,
  indem man sich anderes / andere einverleibt
- Probleme auf andere projizieren
- von allen geliebt werden wollen
- den Erwartungen anderer immer nachkommen
- Illusionen nachhängen

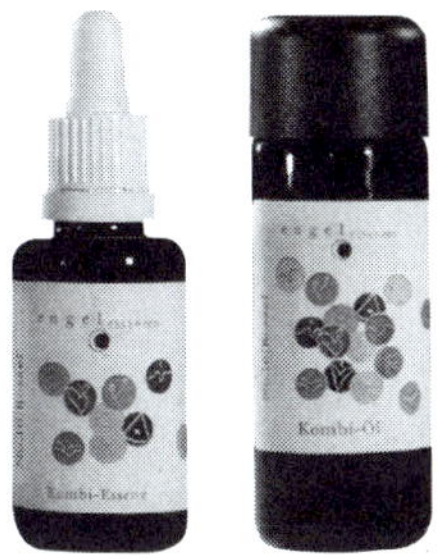

Diese(s) Engel-Kombi-Essenz / Öl hilft:

- Vorhaben umzusetzen
- seinen Selbstwert zu verbessern
- Frustration zu- und loszulassen
- nicht alles (jeden) besitzen zu wollen
- Erfolge anderer schätzen zu lernen
- sich selber zu lieben
- von Abhängigkeiten loszukommen

Unterscheidung:

Engel-Essenz No. 32 – Befreiung von Abhängigkeiten
löst von alten Mustern und (Wert)vorstellungen
Engel-Kombi-Öl No. 34 – Horael | Suchtkrankheit:
unterstützt den Heilungsprozess von Suchtkrankheiten aller Art

Anwendung Öl:
Ein paar Tropfen auf dem Bereich oberhalb des Nabels (= Solarplexus) auftragen und sanft einmassieren. Eventuell mit Jojobaöl strecken und großflächig anwenden.

Engel-Kombi-Essenz und Engel-Kombi-Öl No. 7 | CARMIEL

Grundthema: Abgeschlagenheit, Beengtheit
Chakrenebene: Herz- und Kehlchakra
Farbfrequenz: grün-weiß
Körperebene: Immunsystem
Affirmation: **Ich befreie mich von allen Begrenzungen.**
Besonderheit: Kommt sehr häufig zum Einsatz! Vielseitig mit anderen Engel-Kombi-Essenzen / Ölen kombinierbar. Einfach austesten!

Seelisch-mentale Blockaden:

- permanente Abwehrhaltung
- Probleme anderer zu eigenen Problemen machen
- kontrollieren und kontrolliert werden
- sich Zwängen / Dauerstress aussetzen
- Flucht vor dem Alltag
- die Aufmerksamkeit anderer erzwingen wollen

Diese(s) Engel-Kombi-Essenz / Öl hilft:

- „Nein“ sagen zu lernen
- sich nicht alles / alle Probleme aufzubürden
- seine Grenzen zu erkennen und zu bewahren
- sich nicht einengen zu lassen
- Aufmerksamkeit nicht durch Krankheit zu erzwingen
- das Überbehüten aufzugeben
- zu mehr Lebensenergie zu gelangen

Unterscheidung:

Engel-Essenz No. 5 – Kraft und Stärke: hilft, kräftezehrende Verrichtungen im Alltag oder in der Pflege anderer Menschen auszugleichen
Engel-Essenz No. 30 – Mut und Beharrlichkeit: unterstützt Durchhaltevermögen und konsequentes Handeln
Engel-Essenz No. 40 – Göttliche Kraft: schenkt in belastenden Situationen göttliche Kraft und Stärke
Engel-Kombi-Essenz No. 40 – Arkiel | Aktivierung: bringt trotz Burn-out-Gefühlen, Energielosigkeit und Lustlosigkeit wieder auf die Beine
Engel-Aura-Essenz – Energetische Abgrenzung: schützt vor energetischen Lecks und füllt verlorengegangene Energien wieder nach

Anwendung Öl: Ein paar Tropfen im Bereich der Thymusdrüse (im oberen Brustbereich) auftragen und sanft einmassieren. Eventuell mit Jojobaöl strecken und großflächig anwenden.

Engel-Kombi-Öl No. 8 | ARMIEL
kein Öl

Grundthema: Energieverlust durch „menschliche Parasiten“
Chakrenebene: Solarplexus
Farbfrequenz: gelb-orange
Körperebene: Parasiten
Affirmation: **Ich gehe mit meinen Kräften sorgsam um.**
Besonderheit: In Kombination mit Kräutern besonders effizient bei Problemen mit tierischen Parasiten!

Seelisch-mentale Blockaden:
- übertriebene Selbstlosigkeit
- permanent „Grabstein“ für andere sein
- sich selber nicht so wichtig fühlen
- die eigenen Probleme verdrängen
- karmische Verstrickungen

Diese Engel-Kombi-Essenz hilft:
- zu erkennen, warum man selber so (un)wichtig sein möchte
- den eigenen Selbstwert zu hinterfragen
- nicht ständig seelischer Mülleimer anderer zu sein
- die Opferrolle aufzugeben
- sein Karma mit anderen zu klären

Unterscheidung:

Engel-Essenz No. 2 – Liebe und Selbsthilfe: verhilft zur Erkenntnis, dass die Liebe zu sich selbst genauso wichtig ist wie die Liebe zu anderen Menschen
Engel-Essenz No. 5 – Kraft und Stärke: hilft, kräftezehrende Verrichtungen im Alltag oder in der Pflege anderer Menschen auszugleichen
Engel-Essenz No. 40 – Göttliche Kraft: schenkt in belastenden Situationen Göttliche Kraft und Stärke
Engel-Kombi-Essenz No. 40 – Arkiel | Aktivierung: bringt trotz Burn-out-Gefühlen, Energielosigkeit und Lustlosigkeit wieder auf die Beine, somit Heilung auf allen Ebenen
Engel-Aura-Essenz – Energetische Abgrenzung: schützt vor energetischen Lecks und füllt verlorengegangene Energien wieder nach

Engel-Kombi-Essenz und Engel-Kombi-Öl No. 9 | SANIEL

Grundthema: Ausgeliefert-Sein; Opfer-Rolle
Chakrenebene: Solarplexus
Farbfrequenz: gelb-orange
Körperlich-seelische Ebene: Pilze
Affirmation: **Ich weiß meine Grenzen zu wahren.**
Besonderheit: In Kombination mit Aromatherapie besonders wirkungsvoll!

Seelisch-mentale Blockaden:

- sich seiner Haut nicht wehren
- Altes / Verbrauchtes mit sich herumschleppen
- „abgestorbene" Emotionen nicht wahrhaben
- sich mit Fremden, Neuem, Anderem nicht einlassen
- seelischen Müll nicht loslassen

Diese(s) Engel-Kombi-Essenz / Öl hilft:

- sich gegenüber Angriffen von außen zu wehren
- Vergangenes loszulassen – Neues zuzulassen
- die eigene Lebendigkeit besser zu fühlen
- sich mit Macht – Ohnmacht auseinander zu setzen
- deutlichere Grenzen zu ziehen

Unterscheidung:

Engel-Essenz No. 2 – Liebe und Selbsthilfe: verhilft zur Erkenntnis, dass die Liebe zu sich selbst genauso wichtig ist wie Liebe zu anderen Menschen

Engel-Essenz No. 36 – Loslassen: hilft, alte Muster und Vorstellungen, aber auch Beziehungen, Jobs und materielle Sicherheiten loszulassen

Engel-Kombi-Essenz No. 40 – Arkiel | Aktivierung: bringt trotz Burn-out-Gefühlen, Energielosigkeit und Lustlosigkeit wieder auf die Beine, somit Heilung auf allen Ebenen

Engel-Aura-Essenz – Energetische Abgrenzung: schützt vor energetischen Lecks und füllt verlorengegangene Energien wieder nach

Anwendung Öl: Ein paar Tropfen auf die betroffenen Hautstellen auftragen und einmassieren.

Engel-Kombi-Essenz und Engel-Kombi-Öl No. 10 | NITHAEL

Grundthema:	Angst vor Veränderung; Abneigung gegen andere(s)
Chakrenebene:	Herz-Chakra
Farbfrequenz:	hellgrün bis dunkelgrün
Körperlich-seelische Ebene:	Allergie, Unverträglichkeit
Affirmation:	**Ich nehme Veränderungen freudig und dankbar an.**
Besonderheit:	Wird häufig vor und während der Pollenzeit verwendet; in besonders hartnäckigen Fällen in Kombination mit Engel-Kombi-Essenz / Öl No. 1, 7, No. 11 bzw. No. 43 anwenden (austesten).

Seelisch-mentale Blockaden:

- Angst vor Veränderungen
- sich eingeengt oder eingesperrt fühlen
- Schocks aus der Vergangenheit
- Angst vor Pollen, Tierhaaren, Hausstaub, etc.
- bestimmte Personen / Lebensumstände nicht aushalten

Diese(s) Engel-Kombi-Essenz / Öl hilft:

- mehr Toleranz aufzubauen (auch gegenüber Nahrungsmitteln, Tierhaaren, Personen, Situationen, etc.)
- nichts zu verurteilen und zu bewerten
- mit viel Liebe das Leben und die Menschen anzunehmen
- Vertrauen in das eigene Geschick / das Schicksal zu entwickeln

Unterscheidung:

Keine vergleichbare Essenz.

Anwendung Öl:

Ein paar Tropfen auf die Nasenflügel (bei Heuschnupfen), auf die problematischen Hautzonen (bei Neurodermitis), auf den Bauch (bei Blähungen) bzw. auf die Thymusdrüse auftragen und sanft einmassieren.

Engel-Kombi-Essenz und Engel-Kombi-Öl No. 11 | LUNAEL

Grundthema: Überlastung, Dauerstress
Chakrenebene: Kehl- und Herz-Chakra
Farbfrequenz: hellgrün / grün
Körperliche Ebene: Viren, Bakterien
Affirmation: **Ich bin stark und gesund.**

Seelisch-mentale Blockaden:

- mit seinen Kräften nicht haushalten
- sich selber zuviel zumuten
- Schwächen nicht zeigen
- sich dem Alltag entziehen
- sich in die kollektive Angst vor Grippewellen einklinken

Diese(s) Engel-Kombi-Essenz / Öl hilft:

- das Energieniveau / die Widerstandskraft zu heben
- sich von anderen nicht verunsichern zu lassen
- seinen Körper liebevoller zu behandeln
- sich gegen belastende Energien abzugrenzen
- bewusster zu leben, bewusster Pause zu machen

Unterscheidung:

Engel-Essenz No. 5 – Kraft und Stärke:
hilft, kräftezehrende Verrichtungen im Alltag oder in der Pflege anderer Menschen auszugleichen

Engel-Essenz No. 40 – Göttliche Kraft:
schenkt in belastenden Situationen Göttliche Kraft und Stärke

Engel-Kombi-Essenz No. 40 – Arkiel | Aktivierung:
bringt trotz Burn-out-Gefühlen, Energie- und Lustlosigkeit wieder auf die Beine

Engel-Kombi-Essenz / Öl No. 43 – Loriel | „Die 7 Nothelfer":
energetischer „Anreißer"; hilft in scheinbar ausweglosen Situationen

Engel-Aura-Essenz – Energetische Abgrenzung:
schützt vor energetischen Lecks und füllt verlorengegangene Energien wieder nach

Anwendung Öl: Ein paar Tropfen im Bereich der Thymusdrüse (im oberen Brustbereich) auftragen und sanft einmassieren. Eventuell mit Jojobaöl strecken und großflächig einmassieren.

Besonderheit in der Anwendung: In Kombination mit der Engel-Kombi-Essenz / Öl No. 07 | Carmiel angewendet besonders kraftvoll! In vielen Fällen wird zuerst mit Carmiel vorgearbeitet und dann Lunael eingesetzt.

Engel-Kombi-Essenz und Engel-Kombi-Öl No. 12 | HAZIEL

Grundthema:	Energieblockaden und Energieverlust in den Chakren
Chakrenebene:	alle Chakren
Farbfrequenz:	diverse Farben
Körperliche/ energetische Ebene:	Chakren und deren zugeordnete Drüsen
Affirmation:	**Ich nehme Lebensenergie auf.**
Besonderheit:	Aktiviert und reguliert die Energieaufnahme der Chakren; heilt deformierte oder verletzte Chakren.

Seelisch-mentale Blockaden:

- sich mental oder emotional verschließen
- Stagnation und / oder Resignation
- sich dem Leben (un)bewusst verwehren
- nichts annehmen können / wollen
- die Lebensfreude verloren haben

Diese(s) Engel-Kombi-Essenz / Öl hilft:

- sich dem Leben wieder zu öffnen
- sich wieder lebendig zu fühlen
- sich neu aufzuladen und zu stärken
- Energieverluste wieder auszugleichen
- sich mit Freude dem Leben hinzugeben

Dieses Öl enthält die Energien aller 15 Chakrensymbole. Bei der Anwendung kommt jeweils nur die Energie jenes Chakrensymbols zum Tragen, die für das entsprechende Chakra / die entsprechenden Chakren benötigt wird. Die anderen Energien verhalten sich dabei neutral.

Unterscheidung:

Kein(e) vergleichbare(s) Essenz / Öl

Anwendung Öl: Ein paar Tropfen auf den jeweiligen Chakrenbereich auftragen und sanft einmassieren. Eventuell mit Jojobaöl strecken und großflächig anwenden.

Besonderheit in der Anwendung: Wenn Chakren stark blockiert sind, mit Chakren-Essenz / Öl beginnen und dann mit entsprechenden Kombi-Essenzen / Ölen, die auf das Hintergrundthema weisen, weiterarbeiten.

Engel-Kombi-Essenz und Engel-Kombi-Öl No. 13 | YELIEL

Grundthema:	Energieblockaden, Energieverlust im Bereich der Meridiane
Chakrenebene:	keine
Farbfrequenz:	diverse Farben
Körperliche/ energetische Ebene:	Meridiane
Affirmation:	**Ich lasse die Lebensenergie durch mich fließen.**

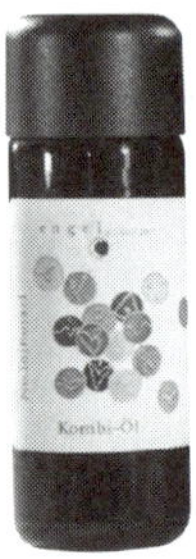

Seelisch-mentale Blockaden:

- Magen: Ärger, Wut, Zorn, Unzufriedenheit, Ekel, Gier, Überlastung, Ohnmacht
- Milz-Pankreas: Trauer, Kummer, Freudlosigkeit, Zukunftsängste, Apathie
- Herz: Verletzung in Liebesangelegenheiten, Hass, Verschlossenheit, Hartherzigkeit
- Dünndarm: Traurigkeit, Sich-verlassen-Fühlen, Einsamkeit, Liebesentzug, Unsicherheit
- Dickdarm: Zynismus, Dogmatismus, Perfektionismus, Nicht-Loslassen, Schuld
- Blase: Ungeduld, Schamgefühl, Angst, Stress, Druck, Klammern, Kummer
- Niere: Angst, Furcht, sexuelle Unsicherheit, Richtungslosigkeit, Schuldgefühle
- Dreifacher Erwärmer: Schwere, Unbeweglichkeit, Depression, Unausgeglichenheit
- Kreislauf-Sexus: enttäuschte Liebe, mangelnde Nähe und Wärme, Eifersucht, Hass
- Gallenblase: Wut, Jähzorn, Ärger, Verbitterung, Reizbarkeit, Zorn, Aggressionen
- Leber: Unzufriedenheit, Verzweiflung, Zorn, Ärger, mangelnde Anerkennung
- Lunge: energetische Nicht-Abgrenzung, sich eingeengt/ überbehütet fühlen

Diese(s) Engel-Kombi-Essenz / Öl hilft:

- Emotionen besser fließen zu lassen
- alle Arten von Meridian-Arbeit zu unterstützen

Engel-Kombi-Essenz / Öl enthalten die Energien aller 14 Meridiansymbole. Bei der Anwendung kommt die Energie jenes Meridiansymbols zum Tragen, das für den jeweiligen Meridian benötigt wird. Die anderen Engelsenergien verhalten sich dabei neutral.

Unterscheidung:	Kein(e) vergleichbare(s) Essenz / Öl
Anwendung Öl:	Nach einer Meridianmassage für die Stabilisierung des jeweiligen Meridians zu Hause: Ein paar Tropfen am gesamten Meridian auftragen und sanft einmassieren. Einige Tage lang wiederholen.
Besonderheit in der Anwendung:	Wenn der Meridian immer wieder blockiert, mit Meridian-Öl beginnen und dann mit spezifischen Kombi-Essenzen / Ölen, die auf das Hintergrundthema weisen, weiterarbeiten.

Engel-Kombi-Öl No. 14 | CORAEL

keine Essenz

Grundthema: Unter- bzw. Überenergie (Organe)
Chakrenebene: keine
Farbfrequenz: diverse Farben
Körperliche/
energetische Ebene: Organe, Organalarmpunkte und Fußreflexzonen
Affirmation: **Ich liebe meinen Körper.**

Seelische Hintergrundthemen (nach Dr. Ruediger Dahlke)*:

- Blase: Druck aushalten, loslassen oder weitergeben
- Dickdarm: Geiz, Altes loslassen, Umgang mit der Materie
- Dünndarm: Existenzängste, Kritikfähigkeit, analysieren
- Gallenblase: unterdrückte Aggressionen, Verbitterung, Abwehrhaltung
- Herz: verletzte Emotionen, zu wenig Liebe bekommen oder geben
- Leber: Stimmungsbarometer, Wertung, Aggressionen
- Lunge: zu wenig Zuwendung, Engegefühl, Freiheitsstreben, Stress
- Magen: Aufnahme, Hingabebereitschaft, geschluckte Emotionen
- Milz: Filtern und Speichern der Lebenskraft, Abwehr
- Niere: Gleichgewichts- und Partnerschaftsorgan

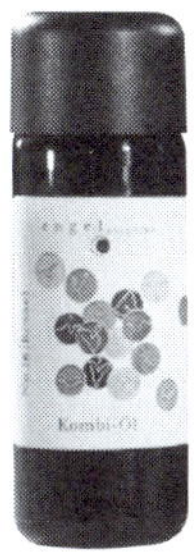

Dieses Engel-Kombi-Öl hilft:

- belastende Emotionen, die den einzelnen Organen zugeordnet werden, loszulassen und aufzuarbeiten

Es enthält die Energie aller 10 Organsymbole. Bei der Anwendung kommt immer nur die Energie jenes Organsymbols zum Tragen, die für das entsprechende Organ benötigt wird. Die anderen Engelsenergien verhalten sich dabei neutral.

Unterscheidung zu anderen Ölen:

Kombi-Öl No. 38 | Luciel: deckt andere Organbereiche ab (siehe Seite 108)

Anwendung Öl: Ein paar Tropfen auf die betroffene Organzone, den Organalarmpunkt bzw. die Fußreflexzone des Körpers auftragen und sanft einmassieren.

Besonderheit in der Anwendung: Wenn ein Organ energetisch belastet ist, mit Organ-Öl beginnen und dann mit spezifischen Kombi-Ölen, die auf das Hintergrundthema weisen, weiterarbeiten.

*Dahlke, Dr. med. Rüdiger: Krankheit als Symbol, München 1996

Engel-Kombi-Essenz und Engel-Kombi-Öl No. 15 | RIHAEL

Grundthema:	Weiblichkeit und deren seelische Verletzungen
Chakrenebene:	Sexual- und Wurzel-Chakra
Farbfrequenz:	lachsfarben-irisierend
Körperebene:	Weibliche Sexualhormone
Affirmation:	**Ich genieße meine Weiblichkeit.**
Besonderheit:	In Kombination mit Kräutern und Heilpflanzen besonders wirkungsvoll!

Seelisch-mentale Blockaden:

- Kind anstatt Frau sein wollen
- nicht aufgelöste Schocks
- sich nicht berühren lassen wollen
- niemanden zu nahe kommen lassen
- bei Männern: von der Mutter übernommene Ängste
- Probleme mit Homosexualität

Diese(s) Engel-Kombi-Essenz / Öl hilft:

- seinen eigenen Körper anzunehmen und zu lieben
- Freude am Frausein zu finden
- seelische Verletzungen in sexuellen Bereichen aufzulösen
- Ängste aus der vorgeburtlichen / frühkindlichen Zeit aufzulösen
- bei Männern: Angst vor / um Frauen abzubauen

Unterscheidung:

Engel-Kombi-Essenz / Öl No. 16 – Rosael | Menstruation:
hilft bei Ablehnung der Weiblichkeit und des weiblichen Körpers; Angst vor weiblicher Kraft
Engel-Kombi-Essenz / Öl No. 56 – Nirael | Sexualität:
heilt seelische Verletzungen und Probleme auf der sexuellen Ebene
(sowohl bei Männern als auch bei Frauen)

Anwendung Öl:
Ein paar Tropfen auf den Unterbauch, im Lendenwirbelbereich, in die Vertiefung unterhalb der äußeren Fußknöchel (Bl 62) oder auf der Unterseite der großen Zehe (Mitte) auftragen und sanft einmassieren.

Engel-Kombi-Essenz und Engel-Kombi-Öl No. 16 | ROSAEL

Grundthema:	Angst vor dem weiblichen Körper und/ oder bewusste Angst vor der weiblichen Kraft
Chakrenebene:	Sexual- und Wurzel-Chakra
Farbfrequenz:	rot bis dunkelrot
Körperliche Ebene:	Menstruation
Affirmation:	**Ich genieße es, Frau zu sein.**
Besonderheit:	In Kombination mit Kräutern und Heilpflanzen besonders wirkungsvoll!

Seelisch-mentale Blockaden:

- Angst vor (zu) weiblichen Attributen
- Angst vor Schwangerschaft
- Angst vor „zu weiblichen Gefühlen"
- Angst, sexuell verletzt zu werden
- Karmische Belastungen

Diese(s) Engel-Kombi-Essenz / Öl hilft:

- Angst vor ungewollter Schwangerschaft zu erkennen
- seelische Verletzungen im Frausein aufzulösen
- unterdrückte Aggressivität gegen Vater oder Mutter zu erlösen
- Menstruation als etwas Natürliches, Dazugehörendes zu empfinden
- Frausein zu entdecken und zu genießen

Unterscheidung:

Engel-Kombi-Essenz / Öl No. 15 – Rihael | Weibliche Sexualhormone:
löst Probleme mit der Weiblichkeit und seelische Verletzungen in diesem Bereich
Engel-Kombi-Essenz / Öl No. 56 – Nirael | Sexualität: heilt seelische Verletzungen und Probleme auf der sexuellen Ebene (sowohl bei Männern als auch bei Frauen)

Anwendung Öl: Ein paar Tropfen auf den Unterbauch, im Lendenwirbelbereich, in die Vertiefung unterhalb der äußeren Fußknöchel (Bl 62) oder auf der Unterseite der großen Zehe (Mitte) auftragen und sanft einmassieren.

Besonderheit: Diese(s) Essenz / Öl wird oft bei Frauen verwendet, um sie in ihrer Rolle als Frau zu unterstützen und zu stärken! Besonders in schwierigen Lebenssituationen und Veränderungsprozessen. (Buchtipp: „Die Kraft einer Frau. Der weibliche Weg zur Selbstheilung" von Louise L. Hay, Heyne Taschenbuch)

Engel-Kombi-Essenz und Engel-Kombi-Öl No. 17 | MURIEL

Grundthema:	Schwangerschaftsängste, Schwangerschaftsaufarbeitung
Chakrenebene:	Sexual- und Wurzel-Chakra
Farbfrequenz:	rosa-weiß
Körperliche Ebene:	Schwangerschaft
Affirmation:	**Ich genieße das neue Leben (in mir).**
Besonderheit:	Unterstützt die Schwangerschaft körperlich, seelisch und spirituell. Wichtig für die Reinkarnationstherapie!

Seelisch-mentale Blockaden:

- Ängste der eigenen Mutter in der Schwangerschaft
- unbewusste Ablehnung der Mutterschaft
- (un)bewusste Abwehr gegen den Vater des Kindes
- Schwangerschaft und Lebensplan passen nicht zusammen
- Schwanger werden wollen um jeden Preis
- Angst, das Kind zu verlieren

Diese(s) Engel-Kombi-Essenz / Öl hilft:

- die eigene Schwangerschaft zu erlösen
- die Veränderungen des weiblichen Körpers / der eigenen Rolle / der veränderten Lebenssituation anzunehmen
- die Fixierung auf das Wunschkind loszulassen
- die Schwangerschaft angstfrei zu erleben
- inkarnationsbereite Seelen einzuladen und anzuziehen

Unterscheidung:

Kein(e) vergleichbare(s) Essenz / Öl

Anwendung Öl:

Ein paar Tropfen auf die Thymusdrüse, den Bauch bzw. die Brüste auftragen und sanft einmassieren.

Engel-Kombi-Essenz und Engel-Kombi-Öl No. 18 | VANIEL

Grundthema:	Geburtsängste, Geburtsaufarbeitung
Chakrenebene:	Sexual- und Wurzel-Chakra
Farbfrequenz:	lachsfarben
Körperebene:	Geburt
Affirmation:	**Ich sage „ja" zu meinem Leben.**
Besonderheit:	Unterstützt die Geburt auf allen Ebenen; aber auch als Vorbereitung bzw. Unterstützung für Rebirthing und Reinkarnationstherapie!

Seelische Hintergrundthemen (nach Dr. Ruediger Dahlke)*:

- Kaiserschnitt: sich auf fremde Hilfe verlassen
- Übertragung: Weigerung, das Kind loszulassen; den Sprung ins Leben nicht wagen
- Nabelschnur um den Hals: das Kind mit Liebe ersticken; Autoaggression
- Querlage: Verweigerung, Trotz; darauf warten, befreit zu werden
- Steißlage: frühe Abkehr vom Leben; den Kopf in den Sand stecken, Protest; häufig bei Kindern, die nicht das Geschlecht haben, das sich die Eltern wünschen
- Vorzeitige Wehen: das Kind (unbewusst) loswerden wollen; voreiliges Vorpreschen des Kindes – Flucht
- Vorzeitiger Blasensprung: das Kind zu früh an die Luft setzen, ihm das Wasser des Lebens abgraben

Aber auch: Angst und Schmerzen vor und während der Geburt (für Mutter und Kind)

Diese(s) Engel-Kombi-Essenz / Öl hilft:

- den Geburtsvorgang zu erleichtern
- den Sprung ins Leben besser zu schaffen
- Geburtstrauma und Geburtsschock aufzulösen
- Veränderungen anzunehmen
- Ängste vor und während der Geburt aufzulösen

Unterscheidung:

Kein(e) vergleichbare(s) Essenz / Öl

Anwendung Öl: Ein paar Tropfen unmittelbar vor bzw. während der Geburt im Bauchbereich, auf der Michaelischen Raute (die beiden „Grübchen" im Beckenbereich entlang der Wirbelsäule) bzw. im Lendenwirbelbereich auftragen und sanft einmassieren.

*Dahlke, Dr. med. Rüdiger: Krankheit als Symbol, München 1996

Engel-Kombi-Essenz und Engel-Kombi-Öl No. 19 | MYKAEL

Grundthema: Ängste der Mutter nach der Geburt
Chakrenebene: Sexual- und Herz-Chakra, Solarplexus
Farbfrequenz: türkis-weiß
Körperliche Ebene: Wochenbett
Affirmation: **Ich genieße meine neue Rolle (als Mutter).**

Seelisch-mentale Blockaden:

- Mutterrolle nicht annehmen
- keinen eigenen Freiraum mehr haben
- Angst, nie wieder eine schlanke Frau zu sein
- sich als Partnerin nach der Geburt nicht mehr attraktiv fühlen
- Angst, das Kind an der Brust verhungern zu lassen

Diese(s) Engel-Kombi-Essenz / Öl hilft:

- in die neue Lebenssituation hineinzuwachsen
- die Bedürfnisse des Babys besser zu erfühlen
- sich trotz des Kindes nicht eingeengt und erdrückt zu fühlen
- den Übergang vom Frausein zur Mutterschaft sanft zu erleben
- seinen Selbstwert als Partnerin zu behalten

Unterscheidung:

Engel-Essenz No. 2 – Liebe und Selbstliebe:
hilft, sich selbst zu lieben und wertzuschätzen
Engel-Essenz No. 9 – Selbstwert und Selbstvertrauen:
stärkt Selbstwert und Selbstvertrauen

Anwendung Öl:
Ein paar Tropfen auf die Thymusdrüse, den Bauch bzw. die Brüste auftragen und sanft einmassieren.

Engel-Kombi-Öl No. 20 | RAKAEL
keine Essenz

Grundthema:	Start ins neue Leben
Chakrenebene:	alle Chakren
Farbfrequenz:	perlmutt-pink
Körperliche Ebene:	Neugeborene
Affirmation:	**Ich bejahe das Leben.**
Besonderheit:	Hilft besonders sensitiven, „feinstofflichen" Kindern, den Übergang von der geistigen Welt ins grobstoffliche Leben zu meistern.

Seelisch-mentale Blockaden:

- Platzangst, ausgelöst durch die Enge des Geburtskanals
- Angst vor dem Leben / Angst, zu leben
- Angst vor allem Neuen, Unbekannten
- Angst vor Schmerzen
- Gefühl, aus der Sicherheit gerissen zu werden

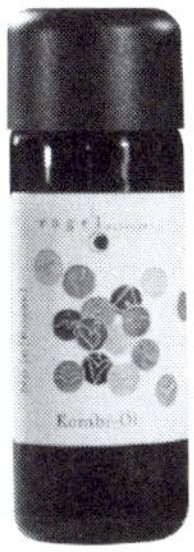

Dieses Engel-Kombi-Öl hilft:

- sich mit Neuem vertraut zu machen
- von der feinstofflichen in die irdische Ebene zu wechseln
- den Geburtsschock und den Geburtsstress aufzulösen
- die Probleme der ersten Lebensmonate aufzuarbeiten
- seinen Platz in der Familie zu finden

Unterscheidung:

Engel-Kombi-Öl No. 3 – Hariel | Engel-Notfallsöl für Kinder
löst Schocks und Traumata in der Kindheit
Engel-Kombi-Essenz / Öl No. 18 – Vaniel | Geburt
löst Geburtsschock auf (von Mutter und Kind)
Engel-Kombi-Öl No. 26 – Norael | Engel-Notfallsöl für Baby- und Kleinkind
löst Schocks aus den ersten Lebensstunden, Tagen und Monaten

Anwendung Öl:
Ein paar Tropfen auf Herz- und Bauchbereich des Neugeborenen auftragen und sanft einmassieren. Oder für Babymassagen verwenden.

Engel-Kombi-Öl No. 21 | YERATHEL
keine Essenz

Grundthema: „Das Leben verdauen"
Chakrenebene: Solarplexus
Farbfrequenz: Perlmutt-Flieder
Körperliche Ebene: Neugeborenen-Koliken
Affirmation: **Ich nehme neue Erfahrungen an.**
Besonderheit: Hilfreich für Babys UND Mütter, die in der Stillzeit überfordert sind.

Seelisch-mentale Blockaden:

- zu viel und zu schnell verdauen müssen
- Angst, den Anforderungen des Lebens / der Eltern nicht gerecht zu werden
- Probleme der Mutter nicht verdauen können
- Zuwendung erzwingen wollen

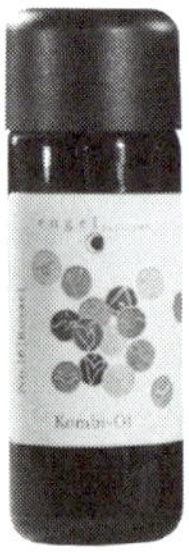

Dieses Engel-Kombi-Öl hilft:

- neue Eindrücke besser zu verarbeiten
- sich den Umweltbedingungen leichter anzupassen
- Liebe nicht erzwingen zu müssen
- "emotional belastete" Muttermilch leichter zu verdauen

Unterscheidung:

Kein vergleichbares Öl!

Anwendung Öl: Ein paar Tropfen auf den Bauch des Babys auftragen und sehr sanft einmassieren. Mehrmals täglich anwenden.

Besonderheit in der Anwendung: Stillende Mütter können ihr Kind unterstützen, indem sie die Engel-Kombi-Essenz oder das Engel-Kombi-Öl Nr. 10 Nithael / Nahrungsunverträglichkeiten *oder* die Engel-Kombi-Essenz No. 39 | Raniel (Entspannung) *an sich selbst anwenden!*

Beachten Sie auch: Durch Schreien wollen Babys eigentlich Kontakt und Zuwendung, was oft als Hunger missverstanden wird. Daher kommen im Darm alle Stufen von angedauter, vor- und halbverdauter Milch zusammen. Das überfordert den Darm. Zusätzlich werden die Kinder oft nach einem bestimmten Plan gestillt (zeitlicher statt persönlicher Rhythmus).

Engel-Kombi-Essenz und Engel-Kombi-Öl No. 22 | DORIEL

Grundthema: Schulängste, Lampenfieber, lähmende Ängste
Chakrenebene: Solarplexus
Farbfrequenzen: gelb-orange
Körperliche Ebene: Ängste und depressive Verstimmungen
Affirmation: **Ich lasse meine Ängste los.**

Seelisch-mentale Blockaden:

- unbewusste, diffuse Ängste
- Verzweiflung, Hoffnungslosigkeit
- nervöse Depression
- Einsamkeit; ganz allein im Leben stehen
- das Leben als Last empfinden

Diese(s) Engel-Kombi-Essenz / Öl hilft:

- Ängste während der Nacht (im Schlaf) sanft aufzuarbeiten
- Veränderungen im Leben besser zu begegnen
- schwierigen Situationen gelassener entgegenzusehen
- irrationale Ängste schrumpfen zu lassen
- lange zurückliegende Schocks aufzulösen

Unterscheidung:

Engel-Essenz No. 1 – Glaube und Vertrauen: hilft, dem Fluss des Lebens zu vertrauen

Engel-Essenz No. 11 – Geborgenheit und Sicherheit: unterstützt Geborgenheit und Sicherheit trotz negativer Erfahrungen

Engel-(Aura)-Essenz No. 42 – Erzengel Michael: schützt und beruhigt, besonders in schwierigen Lebenslagen, bei Krankheit und auf Reisen; beruhigt in Angstsituationen oder in der Pflege

Engel-Kombi-Essenz / Öl No. 2 – Nanael | Seelischer Notfall:
hilft in Schock- und Angstsituationen, vor und nach Operationen

Engel-Kombi-Essenz No. 39 – Raniel | Entspannung:
beruhigt in Situationen der Angst, der Unsicherheit, der Überarbeitung, der Ruhelosigkeit

Engel-Kombi-Essenz / Öl No. 41 – Somiel | Panikattacken:
vermindert immer wiederkehrende Gefühle von Panik, Ausweglosigkeit und diffusen Ängsten

Engel-Kombi-Essenz / Öl No. 45 – Zariel | Depressionen:
wirkt unterstützend bei langanhaltenden Ängsten und depressiven Verhaltensmustern

Anwendung Öl: Ein paar Tropfen eine Handbreite oberhalb des Nabels auftragen und sanft einmassieren. Eventuell mit reinem Jojobaöl strecken und großflächig anwenden.

Engel-Kombi-Essenz und Engel-Kombi-Öl No. 23 | CANAEL

Grundthema:	Abgrenzung
Chakrenebene:	alle Chakren
Farbfrequenzen:	weiß
Körperliche Ebene:	Warzen
Affirmation:	**Ich liebe mich so wie ich bin.**
Besonderheit:	In Kombination mit No. 2 – Nanael oder Aura-Essenz „Energetische Abgrenzung" besonders wirkungsvoll!

Seelisch-mentale Blockaden:
- Abgrenzungsprobleme
- mit eigenen Schattenseiten konfrontiert werden
- harmlose, innere Konflikte
- sich nutzlos, unausgelastet fühlen
- „Fass mich nicht an!"

Achten Sie darauf, auf welchen Körperzonen, Fußreflexzonen und Meridianen die Warzen liegen. Diese Zonen sagen viel über das Hintergrundthema aus!

Diese(s) Engel-Kombi-Essenz / Öl hilft:
- sich bewusster abzugrenzen
- körperliche Nähe zu genießen
- sich verdrängter Konflikte bewusst zu werden
- sich und seinen Körper zu lieben
- sich seiner Schattenseiten anzunehmen

Unterscheidung:

Engel-Essenz No. 2 – Liebe und Selbstliebe: hilft, sich selbst zu lieben und wertzuschätzen
Engel-Kombi-Essenz / Öl No. 51 – Lithael | Haut: hilft bei zu wenig oder zu starker Abgrenzung zur Außenwelt
Engel-Kombi-Essenz / Öl No. 52 – Buriel | Asthma: unterstützt in Situationen, die Abgrenzung erfordern
Engel-Aura-Essenz – Energetische Abgrenzung: schützt vor energetischen Lecks und füllt verlorengegangene Energien wieder nach

Anwendung Öl: Ein paar Tropfen auf die betroffene Stelle auftragen.

Siehe auch Kapitel „Häufige Fragen aus der Praxis" ab Seite 147.

Engel-Kombi-Essenz und Engel-Kombi-Öl No. 24 | SORAEL

Grundthema: Energieverlust; Fremdenergien
Chakrenebene: alle Chakren
Farbfrequenzen: blau-violett
Körperliche Ebene: Energetische Belastungen, Fremdenergien
Affirmation: **Ich bin geschützt vor Fremdenergien aller Art.**
Besonderheit: Engel-Aura-Essenz „Energetische Reinigung" – Essenz, Öl und Aura-Essenz bilden einen Lichtkanal, in dem die verhaftete Seele ins Licht geführt wird. Mehr Informationen im Kapitel „Fremdenergien, negative Elementale & Co" ab Seite 152.

Seelisch-mentale Blockaden:

- sich immer und um alles und jeden annehmen
- wie ein Schwamm alles Negative aufsaugen
- aber auch: an Verstorbenen festhalten
- mit Problemen anhaftender Seelen in Resonanz stehen
- Clearing-Medium sein (oft ohne es zu wissen)

Diese(s) Engel-Kombi-Essenz / Öl hilft:

- anhaftende Seelen ins Licht zu führen
- sich vor immer wiederkehrenden Fremdenergien zu schützen
- sich nicht als „energetischer Mülleimer" zur Verfügung zu stellen
- Personen, Gegenstände und Räume zu reinigen
  > von den energetischen Belastungen des Tages > nach Krankenhausaufenthalten > von negativen Energien anderer Menschen > nach Therapiesitzungen (auch den Therapieraum, Heilsteine, etc.) > nach Besuchen in psychiatrischen Kliniken oder auf Friedhöfen

Unterscheidung:

Engel-Essenz No. 4 – Reinheit und Klarheit: bringt Klarheit in verworrene Situationen; klärt alte blockierende Muster und Vorstellungen
Engel-Essenz No. 36 – Loslassen: hilft, alte Muster und Vorstellungen, aber auch Beziehungen, Jobs und materielle Sicherheiten loszulassen
Engel-(Aura-)Essenz No. 45 – Erzengel Gabriel: bringt Licht und Klarheit in unser Leben; durchleuchtet verworrene Situationen
Engel-Kombi-Essenz / Öl No. 55 – Licael | Lymphe: befreit von emotionalen Vergiftungen

Anwendung Öl:
Ein paar Tropfen im Nacken oder am Chakrenpunkt auf der linken Schulter auftragen und sanft einmassieren.

Engel-Kombi-Essenz und Engel-Kombi-Öl No. 25 | CITHAEL

Grundthema: Karmische Muster und Verstrickungen
Chakrenebene: Solarplexus, Herz-Chakra; Schulterchakra
Farbfrequenzen: magenta
Körperliche Ebene: Karma
Affirmation: **Ich lege alte Rollen ab.**
Besonderheit: Dient als „Anreißer“ in allen Fällen, wo karmische Gründe Ursachen für körperliche und / oder seelische Probleme sind – eventuell in Kombination mit anderen Engelessenzen / Engelölen oder Therapieformen zu verwenden, speziell für Reinkarnationstherapie.

Seelisch-mentale Blockaden:

- immer wiederkehrende Muster und Verhaltensweisen
- aus Problemen nichts lernen
- belastende Charaktereigenschaften
- Probleme in der Partnerschaft / in Beziehungen
- Schuldgefühle

Diese(s) Engel-Kombi-Essenz / Öl hilft:

- aus wiederkehrenden Mustern auszusteigen
- eine karmische Verstrickung zu lösen
- belastende, karmische Situationen zu erkennen und zu beenden
- selbsterrichtete Prinzipien und Dogmen loszulassen

Unterscheidung:

Engel-Essenz No. 38 – Karmaerlösung: wird vorwiegend in Alltagssituationen eingesetzt, die Engel-Kombi-Essenz / Öl No. 25 | Cithael hingegen für therapeutische Zwecke

Anwendung Öl: Ein paar Tropfen am Karma-Chakrenpunkt auf der linken Schulter, am Solarplexus und eventuell am Herzchakra auftragen und sanft einmassieren.

Besonderheit in der Anwendung: Wenn körperliche oder seelische Probleme aus früheren Inkarnationen herrühren, mit Karma-Essenz / Öl beginnen und dann mit spezifischen Essenzen / Ölen, die auf das Hintergrundthema weisen, weiterarbeiten. Eventuell mit Essenz oder Öl zu Hause weiterarbeiten lassen. Sehr effiziente Unterstützung für Reinkarnationstherapie.

Engel-Kombi-Öl No. 26 | NORAEL

keine Essenz

Grundthema:	Schock- und Angstsituationen von Babys und Kleinkindern
Chakrenebene:	alle Chakren
Farbfrequenzen:	perlmutt-magenta
Körperliche Ebene:	Baby- und Kleinkinder-Notfälle
Besonderheit:	Engel-Aura-Essenz „Baby- & Kleinkinder | Beruhigung“
Affirmation:	**Ich nehme das Leben an.**

Seelisch-mentale Blockaden:

- Schocks und Ängste, entstanden in Baby- und Kleinkindalter (manchmal auch bis in die Schwangerschaft zurückreichend)
- sich dem irdischen Leben nicht anpassen können
- mit unangenehmen Energien nicht zurechtkommen
- sich nicht verstanden, nicht geborgen oder ungeliebt fühlen
- wieder dahin zurückwollen, von wo man hergekommen ist

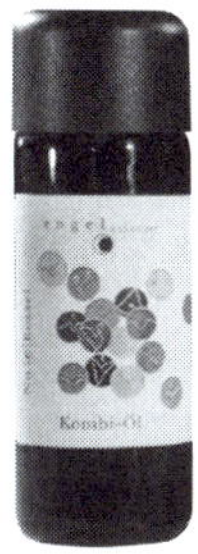

Dieses Engel-Kombi-Öl hilft:

- Schocks und Traumata aus der Baby- und Kleinkindzeit aufzulösen
- Entwicklungsschritte (z.B. Trotzphase) zu unterstützen
- besser ein- oder durchzuschlafen
- Geborgenheit im Sein zu erlangen
- die Arbeit mit dem „Inneren Kind“ zu unterstützen

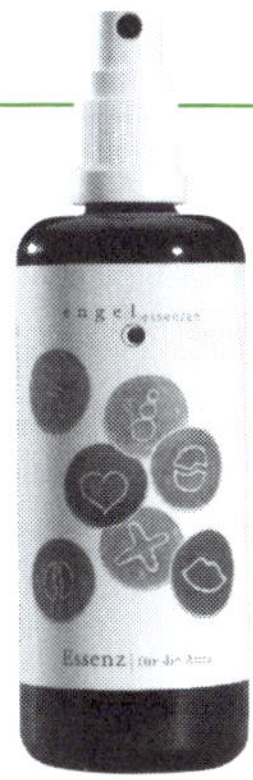

Unterscheidung:

Engel-Kombi-Öl No. 3 – Hariel | Engel-Notfallsöl für Kinder: löst Schocks und Traumata aus der Kindheit auf

Engel-Kombi-Essenz / Öl No. 17 – Muriel | Schwangerschaft: löst Schocks aus der Schwangerschaft auf (von Mutter und Kind)

Engel-Kombi-Essenz / Öl No. 18 – Vaniel | Geburt: löst Geburtsschock auf (von Mutter und Kind)

Engel-Kombi-Öl No. 20 – Rakael | Neugeborene: verhilft zum sanften Einstieg in das irdische Leben

Anwendung Öl: Ein paar Tropfen oberhalb des Nabels (=Solarplexus) und auf den Fußsohlen sowie am Puls des Handgelenks auftragen und sanft einmassieren.

Besonderheit: Hilft besonders sensitiven, „feinstofflichen“ Kindern, den Übergang von der geistigen Welt ins grobstoffliche Leben zu meistern. Auch für Rebirthing, Reinkarnationstherapie und andere Rückführungen geeignet!

Engel-Kombi-Essenz und Engel-Kombi-Öl No. 27 | SARIEL

Grundthema: Starre, festgefahrene Prinzipien; Sturheit
Chakrenebene: Wurzel- und Stirn-Chakra
Farbfrequenzen: blau-grün
Körperliche Ebene: Knochen
Affirmation: **Ich erlaube mir nachzugeben.**

Seelisch-mentale Blockaden:

- zu sehr an Normen / Regeln / Gesetzen festhalten
- sich ohne vorgegebene Strukturen verloren fühlen
- seinen Kopf um jeden Preis durchsetzen wollen
- emotionale Erstarrung, Unbeugsamkeit
- auch: Labilität

Diese(s) Engel-Kombi-Essenz / Öl hilft:

- innere Zwänge und eigene Sturheit loszulassen
- zu innerer Festigkeit zu gelangen
- nach den eigenen, inneren Werten zu leben
- aufrichtig zu sein
- für etwas gerade zu stehen

Unterscheidung:

Engel-Essenz No. 24 – Wiederkehrende Gedanken und Lösungen:
hilft, von zermürbenden, immer wiederkehrenden Gedanken loszukommen

Kombi-Essenz / Öl No. 5 – Rahael | Kopfschmerzen & Migräne:
gegen Kopflastigkeit und Überintellekt; für Menschen, die mit dem Kopf durch die Wand wollen

Engel-Kombi-Essenz / Öl No. 36 – Rukiel | Gelenke:
sich mit aller Gewalt auf etwas versteifen; aber auch Geiz und Neid

Engel-Kombi-Essenz / Öl No. 50 – Voniel | Rheuma:
fördert Toleranz und Aufgeschlossenheit

Anwendung Öl:
Ein paar Tropfen auf die betroffenen Körperstellen auftragen und sanft einmassieren.
Eventuell mit Jojobaöl strecken und großflächig anwenden.

Engel-Kombi-Essenz und Engel-Kombi-Öl No. 28 | COSIEL

Grundthema: Ungelebte, starke Emotionen
Chakrenebene: alle Chakren
Farbfrequenzen: türkis-weiß
Körperliche Ebene: Entzündung
Affirmation: **Ich lasse meine Gefühle frei fließen.**

Seelisch-mentale Blockaden:

- Hochdruck / Überenergien nicht kanalisieren können
- zu starken Emotionen ausweichen wollen / flüchten
- Gefühle nicht leben
- Aggressionen nicht ausdrücken
- ungeklärte Situationen verdrängen
- grobstofflich gewordener Konflikt

Diese(s) Engel-Kombi-Essenz / Öl hilft:

- die Herausforderungen des Lebens anzunehmen
- auf innere Impulse zu achten
- Entscheidungen zu treffen, Meinungen kundzutun
- alte Gewohnheiten über Bord zu werfen
- sich nicht alles gefallen zu lassen
- einen Entwicklungssprung zu machen

Unterscheidung:

Engel-Kombi-Essenz / Öl No. 4 – Aniel | Erkältung, Entgiftung, Entschlackung:
befreit von emotionalen, energetischen und chemischen Schlacken
Engel-Kombi-Essenz / Öl No. 55 – Licael | Lymphe:
befreit von emotionalen Vergiftungen
Engel-(Aura)-Essenz – Energetische Reinigung:
reinigt die Aura von allen Fremdenergien und verhafteten Seelen

Anwendung Öl:
Ein paar Tropfen auf die betroffenen Körperstellen auftragen und sanft einmassieren. Eventuell mit Jojobaöl strecken und großflächig anwenden.

Engel-Kombi-Öl No. 29 | RAZIEL

keine Essenz

Grundthema: Festhalten
Chakrenebene: Wurzelchakra
Farbfrequenzen: grün
Körperliche Ebene: Hämorrhoiden
Affirmation: **Ich lasse los.**

Seelisch-mentale Blockaden:

- eine belastende Lebensweise führen, trotz besserem (inneren) Wissen
- gestaute Vitalität
- Autoritätskonflikte unter der Gürtellinie
- sich zu sehr unter Druck setzen
- Druck nicht bewältigen können

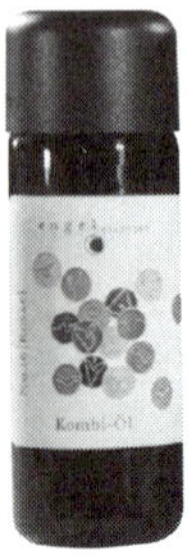

Dieses Engel-Kombi-Öl hilft:

- die Lebensenergie wieder fließen zu lassen
- einen inneren „Knoten" zu lösen
- Probleme, Menschen und Situationen sein zu lassen
- großzügiger zu werden (in Gedanken und Taten)
- sich entspannen zu dürfen

Unterscheidung:

Engel-Essenz No. 36 – Loslassen: hilft, alte Muster und Vorstellungen, aber auch Beziehungen, Jobs und materielle Sicherheiten loszulassen
Engel-Kombi-Essenz / Öl No. 27 – Sariel | Knochen: unterstützt die Loslösung von Normen, Regeln und Fixierungen (erstarrte Sichtweise)
Engel-Kombi-Essenz / Öl No. 30 – Sirael | Wechsel: erleichtert den Wechsel von einem Lebensabschnitt in den nächsten

Anwendung Öl: Ein paar Tropfen auf die betroffenen Stellen auftragen und sanft massieren.
Besonderheit: In hartnäckigen Fällen mit Engel-Kombi-Essenz / Öl No. 22 | Doriel oder Engel-Kombi-Essenz / Öl No. 25 | Cithael beginnen und dann mit Öl No. 29 | Raziel weiterarbeiten.

Engel-Kombi-Essenz und Engel-Kombi-Öl No. 30 | SIRAEL

Grundthema:	Stagnation; Resignation
Chakrenebene:	Basis- und Sexual-Chakra
Farbfrequenzen:	rot-weiß
Körperliche Ebene:	Beschwerden der Wechseljahre
Affirmation:	**Ich fließe mit dem Fluss des Lebens.**

Seelisch-mentale Blockaden:

- Angst vor dem Älterwerden
- Angst, etwas zu versäumen
- bisher zu wenig gelebte Sexualität
- sich gegen den Fluss des Lebens wehren
- Angst, von einem in den nächsten Lebensabschnitt zu wechseln

Diese(s) Engel-Kombi-Essenz / Öl hilft:

- Weiblichkeit intensiver zu leben
- überholte Sichtweisen zu verändern
- sein Leben neu zu definieren
- Fruchtbarkeit anders zu leben (z. B. „geistige Kinder" in die Welt setzen)
- innere und äußere Werte in Einklang zu bringen

Unterscheidung:

Engel-Essenz No. 6 – Veränderung und Verwandlung: hilft, im Fluss des Lebens zu bleiben
Engel-Essenz No. 26 – Erneuerung und Entwicklung: unterstützt Entwicklung auf allen Ebenen; löst Angst und / oder Bequemlichkeit in Erneuerungsprozessen
Engel-Kombi-Essenz / Öl No. 15 – Rihael | Weibliche Sexualhormone:
löst Probleme mit der Weiblichkeit und seelische Verletzungen in diesem Bereich
Engel-Kombi-Essenz / Öl No. 16 – Rosael | Menstruation:
hilft bei Ablehnung der Weiblichkeit und des weiblichen Körpers; Angst vor weiblicher Kraft
Kombi-Essenz / Öl No. 27 – Sariel | Knochen:
unterstützt die Loslösung von Normen, Regeln und Fixierungen (erstarrte Sichtweise)
Engel-Kombi-Essenz/ Öl No. 36 – Rukiel | Gelenke:
hilft, von festgefahrenen Prinzipien loszukommen, aber auch Geiz und Neid aufzulösen

Anwendung Öl: Ein paar Tropfen auf den Unterbauch, im Lendenwirbelbereich, in die Vertiefung unterhalb der äußeren Fußknöchel (Bl 62) oder auf der Unterseite der großen Zehe (Mitte) auftragen und sanft einmassieren.

Engel-Kombi-Essenz No. 31 | RISAEL
kein Öl

Grundthema:	Nicht-hinsehen-Wollen
Chakrenebene:	Stirn-Chakra
Farbfrequenzen:	blau
Körperliche Ebene:	Augen
Affirmation:	**Ich schaue der Wahrheit ins Gesicht.**

Seelisch-mentale Blockaden:

- einen eingeschränkten Gesichtskreis haben
- vor etwas die Augen verschließen
- auf jemanden oder etwas herabblicken
- das eigene Leben nicht betrachten wollen
- keine Lebensperspektiven haben

Diese Engel-Kombi-Essenz hilft:

- das Problem genau wahrzunehmen
- bewusster im Hier und Jetzt zu leben
- die Wahrnehmung nach innen zu lenken
- seinen Blickwinkel zu erweitern
- differenzieren zu lernen

Unterscheidung:

Keine vergleichbare Essenz

Engel-Kombi-Essenz und Engel-Kombi-Öl No. 32 | SORIHAEL

Grundthema: Ausgeliefert-Sein
Chakrenebene: Solarplexus
Farbfrequenzen: orange-gold
Körperliche Ebene: Narkose
Affirmation: **Ich vertraue anderen und lasse mich fallen.**
Besonderheit: Vor und nach Narkosen über einen längeren Zeitraum angewendet besonders wirkungsvoll.

Seelisch-mentale Blockaden:

- Angst, die Kontrolle abzugeben
- sich anderen ausliefern müssen
- Angst vor dem Tod
- Verdrängen der Themen Tod und Sterben

Diese(s) Engel-Kombi-Essenz / Öl hilft:

- sich fallen zu lassen
- sich mit dem Thema Tod auseinander zu setzen
- die Seele wieder ganz in den Körper „einzufädeln“
- Narkoseschäden aufzulösen

Unterscheidung:

Engel-Essenz No. 1 – Glaube und Vertrauen: hilft, dem Fluss des Lebens zu vertrauen
Engel-Essenz No. 11 – Geborgenheit und Sicherheit: unterstützt Geborgenheit und Sicherheit trotz negativer Erfahrungen
Engel-Essenz No. 36 – Loslassen: hilft, alte Muster und Vorstellungen, aber auch Beziehungen, Jobs und materielle Sicherheiten loszulassen
Engel-(Aura)-Essenz No. 42 – Erzengel Michael: schützt und beruhigt, besonders in schwierigen Lebenslagen, bei Krankheit und auf Reisen; beruhigt in Angstsituationen
Engel-Kombi-Essenz No. 39 – Raniel | Entspannung: beruhigt in Situationen der Angst, der Unsicherheit, der Überarbeitung, der Ruhelosigkeit
Engel-Kombi-Essenz / Öl No. 59 – Ismael | Sterbebegleitung: unterstützt in allen Übergangssituationen des Lebens

Anwendung Öl: Ein paar Tropfen im Bereich oberhalb des Nabels (= Solarplexus) auftragen und sanft einmassieren. Eventuell mit Jojobaöl strecken und großflächig anwenden.

Engel-Kombi-Öl No. 33 | CURIEL
keine Essenz

Grundthema:	Seelische und körperliche Verletzungen
Chakrenebene:	alle Chakren
Farbfrequenzen:	hellviolett
Körperliche Ebene:	Operation – starke Schmerzen
Affirmation:	**Ich glaube an meine Heilung.**

Seelisch-mentale Blockaden:

- Angst vor Schmerzen
- Angst vor (schwerer) Krankheit
- Angst vor Operationen
- Hoffnungslosigkeit
- Resignation
- Schicksal / Krankheit als Strafe betrachten

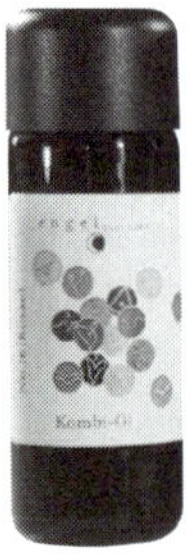

Dieses Engel-Kombi-Öl hilft:

- vor und nach Operationen energetisch zu stabilisieren
- die Angst vor Operationen zu mindern
- die Angst vor schweren Krankheiten zu verringern
- das innere Gleichgewicht zu bewahren
- den Selbstheilungsprozess zu beschleunigen

Unterscheidung:

Engel-Kombi-Essenz / Öl No. 1 – Lariel | Körperlicher Notfall:
hilft in Krankheits- und Unfallsituationen; unterstützt alle Arten von Körpertherapien
Engel-Kombi-Essenz / Öl No. 02 – Nanael | Seelischer Notfall:
hilft bei seelischen Notfällen und Schocks, die daraus resultieren; unterstützt alle Arten von Therapien
Engel-Kombi-Essenz / Öl No. 43 – Loriel | „Die 7 Nothelfer":
unterstützt alle Arten von Therapie; „Anreißer" bei Stagnation im Heilungsprozess

Anwendung Öl:
Ein paar Tropfen auf dem Bereich oberhalb des Nabels (= Solarplexus) oder auf die betroffene Stelle auftragen und sanft einmassieren. Eventuell mit Jojobaöl strecken und großflächig anwenden.

Engel-Kombi-Öl No. 34 | HORAEL

keine Essenz

Grundthema:	Schwere Süchte und Abhängigkeiten
Chakrenebene:	Solarplexus
Farbfrequenzen:	orange
Körperliche Ebene:	Suchtkrankheit
Affirmation:	**Ich bin frei von Süchten.**

Seelisch-mentale Blockaden:

- immer wieder in die gleichen Verhaltensmuster fallen
- Probleme unterdrücken
- mangelnde Willenskraft
- der Spielball anderer sein
- in eine Scheinwelt flüchten
- sich emotional betäuben wollen

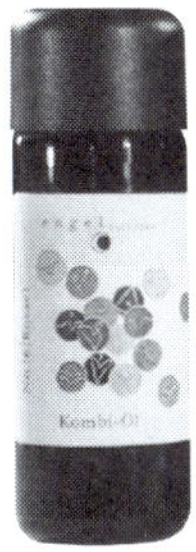

Dieses Engel-Kombi-Öl hilft:

- die eigene Willenskraft zu stärken
- seine Abhängigkeit zu erkennen
- mentale Stärke aufzubauen
- Abstinenz zu unterstützen
- sich selbst zu lieben und anzunehmen

Unterscheidung:

Engel-Essenz No. 32 – Befreiung von Abhängigkeiten:
löst von alten Mustern und (Wert-) Vorstellungen
Engel-Kombi-Essenz / Öl No. 6 | Ramiel:
hilft bei Abhängigkeiten von Personen und bei leichtem Suchtverhalten

Anwendung Öl:
Ein paar Tropfen im Bereich oberhalb des Nabels (= Solarplexus) auftragen und sanft einmassieren. Eventuell mit Jojobaöl strecken und großflächig anwenden.

Engel-Kombi-Essenz und Engel-Kombi-Öl No. 35 | ALIEL

Grundthema: Abortus-Ängste
Chakrenebene: Sexual-Chakra
Farbfrequenzen: lachs-orange
Körperliche Ebene: Abortus
Affirmation: **Ich bewahre das Leben in mir.**

Seelisch-mentale Blockaden:

- (un) bewusste Ablehnung des Kindes / des Kindesvaters
- (un) bewusste Angst vor Schwangerschaft und Geburt
- von der Mutter übernommene Abortus-Ängste
- „Erfolgszwang" nach Abortus, wieder schwanger zu werden
- Flucht des Kindes aus einer zu schwierigen Situation

Diese(s) Engel-Kombi-Essenz / Öl hilft:

- die Abortus-Ängste der eigenen Mutter aufzuarbeiten
- die Angst vor Schwangerschaft und Geburt zu lösen
- einen erlittenen Abortus seelisch-mental aufzuarbeiten
- die „Flucht" des Kindes zu akzeptieren
- die Bereitschaft für eine Schwangerschaft zu erhöhen

Unterscheidung:

Kein(e) vergleichbare(s) Essenz / Öl

Anwendung Öl:

Ein paar Tropfen auf den Unterbauch, im Lendenwirbelbereich, in die Vertiefung unterhalb der äußeren Fußknöchel (Bl 62) oder auf der Unterseite der großen Zehe (Mitte) auftragen und sanft einmassieren.

Engel-Kombi-Essenz und Engel-Kombi-Öl No. 36 | RUKIEL

Grundthema: Erstarrung
Chakrenebene: Wurzel- und Stirn-Chakra
Farbfrequenzen: grün
Körperliche Ebene: Gelenke
Affirmation: **Ich befreie und reinige mich von inneren Zwängen.**

Seelisch-mentale Blockaden:

- sich auf etwas versteifen
- in Geiz und Neid stecken bleiben
- sich wegen jemandem / etwas „verrenken"
- den Bogen in einer Situation überspannen
- abgelagerte Emotionen

Diese(s) Engel-Kombi-Essenz / Öl hilft:

- Großzügigkeit zu leben
- Lebensfreude zu genießen
- neue Wege zu beschreiten
- mental beweglich zu bleiben
- Flexibilität zu lernen

Unterscheidung:

Kombi-Essenz / Öl No. 5 – Rahael | Kopfschmerzen, Migräne:
gegen Kopflastigkeit und Überintellekt; für Menschen, die mit dem Kopf durch die Wand wollen

Engel-Kombi-Essenz / Öl No. 27 – Sariel | Knochen:
unterstützt die Loslösung von Normen, Regeln und Fixierungen (erstarrte Sichtweise)

Engel-Kombi-Essenz / Öl No. 50 – Voniel | Rheuma:
fördert Toleranz und Aufgeschlossenheit

Anwendung Öl:
Ein paar Tropfen auf die betroffenen Körperstellen auftragen und sanft einmassieren. Eventuell mit Jojobaöl strecken und großflächig anwenden.

Engel-Kombi-Öl No. 38 | LUCIEL
keine Essenz

Grundthema: Über- bzw. Unterenergie (Organe)
Chakrenebene: keine
Farbfrequenzen: diverse Farben
Körperliche Ebene: Organe, Organalarmpunkte und Fußreflexzonen
Affirmation: **Ich liebe meinen Körper.**

Seelische Hintergrundthemen*:
- **Zwölffingerdarm:** (Selbst-) Kritik, (Selbst-) Zweifel, Über-Ehrgeiz, Kritiksucht
- **Bauchspeicheldrüse:** siehe Zwölffingerdarm
- **Schilddrüse:** unterdrückte, unverwirklichte Entwicklung; angelegtes Potenzial brachliegen lassen, von seinem Entwicklungsweg weit abgekommen sein
- **Prostata:** Sexualität nicht leben / zu wenig gelebt haben; Schuldgefühle im Zusammenhang mit Sexualität; Angst vor der zweiten Lebenshälfte
- **Gebärmutter – Eierstöcke:** Ablehnung der Weiblichkeit; Verletzungen im Bereich der Sexualität; siehe auch Menstruation, Hormone
- **Hypophyse:** Steuerung der Hormone; Kontrolle (nicht) aufgeben
- **Thymusdrüse:** Abwehr, Schutz, Selbstverteidigung
- **Nebennierenrinde:** Stress

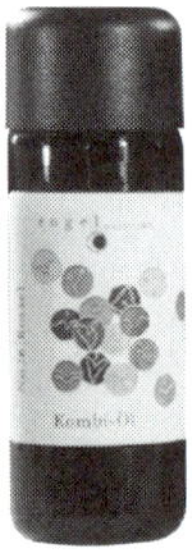

Dieses Engel-Kombi-Öl hilft:
- belastende Emotionen, die den einzelnen Organen zugeordnet werden, loszulassen und aufzuarbeiten

Es enthält die Energie aller 8 Organsymbole. Bei der Anwendung kommt jeweils nur die Energie jenes Organsymbols zum Tragen, die für das entsprechende Organ benötigt wird. Die anderen Energien verhalten sich neutral.

Unterscheidung:

Engel-Kombi-Öl No. 14 | Corael – deckt andere Organbereiche ab (siehe Seite 85)

Anwendung Öl: Ein paar Tropfen auf die betroffene Organzone bzw. Fußreflexzone auftragen und sanft einmassieren.
Besonderheit in der Anwendung: Wenn ein Organ energetisch belastet ist, mit Organ-Öl beginnen und dann mit spezifischen Kombi-Essenzen / Ölen, die auf das Hintergrundthema weisen, weiterarbeiten.

*Dahlke, Dr. med. Rüdiger: Krankheit als Symbol, München 1996

Engel-Kombi-Essenz No. 39 | RANIEL
kein Öl

Grundthema:	Körperliche und seelische Anspannung
Chakrenebene:	alle Chakren
Farbfrequenzen:	blau-glänzend
Körperliche Ebene:	Entspannung
Affirmation:	**Ich lasse alle Anspannungen los.**

Seelisch-mentale Blockaden:

- innere Unrast, Unruhe, Nervosität
- Unausgeglichenheit
- Anspannung
- Konkurrenzkampf
- Erfolgszwang

Diese Engel-Kombi-Essenz hilft:

- in die eigene Mitte zu kommen
- sich Ruhe zu gönnen
- den Alltag hinter sich zu lassen
- innere Anspannung aufzulösen
- Stress zu entschärfen

Unterscheidung:

Engel-Essenz No. 36 – Loslassen: hilft, alte Muster und Vorstellungen, aber auch Beziehungen, Jobs und materielle Sicherheiten loszulassen

Engel-(Aura)-Essenz No. 42 – Erzengel Michael: schützt und beruhigt, besonders in schwierigen Lebenslagen, bei Krankheit und auf Reisen; beruhigt in Angstsituationen

Engel-Kombi-Essenz / Öl No. 22 – Doriel | Ängste, depressive Verstimmungen: lindert unbewusste, immer wieder auftretende Ängste und Gefühle der Unsicherheit

Engel-Kombi-Essenz / Öl No. 41 – Somiel | Panikattacken: vermindert immer wiederkehrende Gefühle von Panik, Ausweglosigkeit und diffusen Ängsten

Engel-Kombi-Essenz / Öl No. 58 – Erael | Muskulatur: unterstützt in angespannten Lebenssituationen und bei übertriebenem Ehrgeiz

Engel-Kombi-Essenz No. 40 | ARKIEL
kein Öl

Grundthema:	Antriebslosigkeit, Müdigkeit
Chakrenebene:	alle Chakren
Farbfrequenzen:	rot-glänzend
Körperliche Ebene:	Aktivierung
Affirmation:	**Ich aktiviere meinen Körper.**

Seelisch-mentale Blockaden:

- Antriebslosigkeit, Lustlosigkeit
- Burn-out-Syndrom
- mangelnde Motivation
- Faulheit und Bequemlichkeit
- Energieverlust durch Krankheit oder Operationen

Diese Engel-Kombi-Essenz hilft:

- sich körperlichen Raubbaus bewusst zu werden
- Energiedefizite nach Krankheit aufzufüllen
- den inneren Motor wieder anzukurbeln
- zu Kräften zu kommen
- sich aufzuraffen

Unterscheidung:

Engel-Essenz No. 5 – Kraft und Stärke: hilft, kräftezehrende Verrichtungen im Alltag oder in der Pflege anderer Menschen auszugleichen

Engel-Essenz No. 30 – Mut und Beharrlichkeit: unterstützt Durchhaltevermögen und konsequentes Handeln

Engel-Essenz No. 40 – Göttliche Kraft: schenkt göttliche Kraft und Stärke in belastenden Situationen

Engel-(Aura-)Essenz No. 47 – Erzengel Uriel: hilft, Visionen und Vorhaben mit Freude umzusetzen

Kombi-Essenz No. / Öl 43 – Loriel | „Die 7 Nothelfer": energetischer „Anreißer"; hilft in scheinbar ausweglosen Situationen

Engel-Kombi-Essenz und Engel-Kombi-Öl No. 41 | SOMIEL

Grundthema: Irrationale Ängste
Chakrenebene: Solarplexus, Herz-Chakra
Farbfrequenzen: orange-gold
Körperliche Ebene: Panikattacken
Affirmation: **Ich vertraue mich meinen Engeln an.**

Seelisch-mentale Blockaden:

- belastende Emotionen mit Gewalt unterdrücken
- Angst, die Kontrolle über sich zu verlieren
- Angst vor der Angst
- die Ursachen der Angst nicht erkennen
- sich hilflos und ausgeliefert fühlen

Diese(s) Engel-Kombi-Essenz / Öl hilft:

- beginnende Panikattacken abzuschwächen
- Beklemmungsgefühle aufzulösen
- Ängste zu erkennen und zu mildern
- die Angst vor dem Tod zu verlieren
- vergangene, verdrängte Panikattacken zu verarbeiten

Unterscheidung:

Engel-Essenz No. 1 – Glaube und Vertrauen: hilft, dem Fluss des Lebens zu vertrauen

Engel-Essenz No. 11 – Geborgenheit und Sicherheit: unterstützt Geborgenheit und Sicherheit trotz negativer Erfahrungen

Engel-(Aura-)Essenz No. 42 – Erzengel Michael: schützt und beruhigt, besonders in schwierigen Lebenslagen, bei Krankheit und auf Reisen; beruhigt in Angstsituationen

Engel-Kombi-Essenz / Öl No. 2 – Nanael | Seelischer Notfall: hilft in Schock- und Angstsituationen, vor und nach Operationen

Engel-Kombi-Essenz/ Öl No. 22 – Ängste und depressive Verstimmungen: hilft bei Schul- und Versagensängsten, „Angst-Bauchschmerzen" und lähmenden Ängsten

Engel-Kombi-Essenz No. 39 – Raniel | Entspannung: beruhigt in Situationen der Angst, der Unsicherheit, der Überarbeitung, der Ruhelosigkeit

Engel-Kombi-Essenz / Öl No. 45 – Zariel | Depressionen: wirkt unterstützend bei langanhaltenden Ängsten und depressiven Verhaltensmustern

Engel-Kombi-Essenz und Engel-Kombi-Öl No. 43 | LORIEL

Grundthema:	Stagnation, Notfälle aller Art
Chakrenebene:	alle Chakren
Farbfrequenzen:	diverse Farben
Körperliche Ebene:	Therapieresistenz und Blockaden im Heilungsverlauf
Affirmation:	**Ich lasse Heilung zu.**
Besonderheit:	Wichtiger Bestandteil einer „Engel(reise)apotheke“.

Seelisch-mentale Blockaden:

- Hilfe nicht annehmen können
- unbewusst nicht an Heilung glauben
- in alten Verhaltensmustern stecken bleiben
- schwere karmische Belastungen
- innerliche Abwehr gegen alle Arten von Therapie

Diese(s) Engel-Kombi-Essenz / Öl hilft:

- bei allen Arten von Notfällen
- als „Anreißer“, wenn der Heilungsprozess stagniert
- bei Therapieresistenz
- hartnäckige Blockaden zu lösen
- Entwicklungsschritte leichter zuzulassen

Unterscheidung:

Engel-Kombi-Essenz / Öl No. 1 – Lariel | Körperlicher Notfall:
hilft in Krankheits- und Unfallsituationen; unterstützt alle Arten von Körpertherapien

Engel-Kombi-Essenz / Öl No. 2 – Nanael | Seelischer Notfall:
hilft bei seelischen Notfällen und Schocks, die daraus resultieren; unterstützt alle Arten von Therapien

No. 42 | CORUEL ist die Engel-Aura Essenz „Energetische Abgrenzung“.

No. 42
finden Sie auf Seite 138.

Engel-Kombi-Öl No. 44 | KORATHEL

keine Essenz

Grundthema:	Sich in Gedanken verlieren
Chakrenebene:	Stirnchakra
Farbfrequenzen:	grün-türkis
Körperliche Ebene:	Konzentration
Besonderheit:	Engel-Aura-Essenz „Konzentration“
Affirmation:	**Ich konzentriere mich auf das Wesentliche.**

Seelisch-mentale Blockaden:

- in eine Traumwelt flüchten
- Wesentliches von Unwesentlichem nicht unterscheiden
- aus seiner Mitte fallen
- sich selber nicht spüren
- Überlastung und Dauerstress

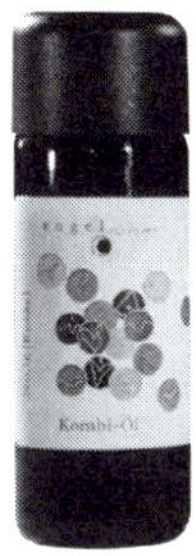

Dieses Engel-Kombi-Öl hilft:

- seine Gedanken zu ordnen
- einen klaren Kopf zu bewahren
- Kopflastigkeit abzulegen
- kreisende Gedanken zu stoppen
- in seine Mitte zurückzukehren

Unterscheidung:

Engel-(Aura-)Essenz No. 47 – Erzengel Uriel:
erdet, stärkt und zentriert; bringt positive Grundeinstellung und Freude

Engel-Kombi-Essenz und Engel-Kombi-Öl No. 45 | ZARIEL

Grundthema: Selbstmitleid, mangelnde Selbstliebe
Chakrenebene: Solarplexus
Farbfrequenzen: gold-orange
Körperliche Ebene: Depression
Affirmation: **Ich liebe mich selbst und werde geliebt.**

Seelisch-mentale Blockaden:

- unbewusst die Umwelt erpressen wollen
- im Selbstmitleid gefangen sein
- keine Lebensperspektiven besitzen
- sich im Stich gelassen fühlen
- das Leben verweigern

Diese(s) Engel-Kombi-Essenz / Öl hilft:

- hinter selbsterrichteten Mauern hervorzukommen
- sich verstanden und geliebt zu fühlen
- das soziale Umfeld nicht mehr zu manipulieren
- Selbstverantwortung zu übernehmen
- seinen Lebensauftrag zu erkennen

Unterscheidung:

Engel-Essenz No. 1 – Glaube und Vertrauen: hilft, dem Fluss des Lebens zu vertrauen

Engel-Essenz No. 2 – Liebe und Selbstliebe: hilft, sich selbst zu lieben und wertzuschätzen

Engel-Essenz No. 11 – Geborgenheit und Sicherheit: unterstützt Geborgenheit und Sicherheit trotz negativer Erfahrungen

Engel-(Aura-)Essenz No. 42 – Erzengel Michael: schützt und beruhigt, besonders in schwierigen Lebenslagen, bei Krankheit und auf Reisen; beruhigt in Angstsituationen

Engel-Kombi-Essenz / Öl No. 2 – Nanael | Seelischer Notfall: hilft bei seelischen Notfällen und Schocks, die daraus resultieren; unterstützt alle Arten von Therapien

Engel-Kombi-Essenz No. 39 – Raniel | Entspannung: beruhigt in Situationen der Angst, der Unsicherheit, der Überarbeitung, der Ruhelosigkeit

Engel-Kombi-Essenz / Öl No. 41 – Somiel | Panikattacken: vermindert immer wiederkehrende Gefühle von Panik, Ausweglosigkeit und diffusen Ängsten

Engel-Kombi-Essenz und Engel-Kombi-Öl No. 46 | KONIEL

Grundthema:	Unterdrücken und unterdrückt werden
Chakrenebene:	Wurzel-Chakra
Farbfrequenzen:	dunkelrot-gold
Körperliche Ebene:	Blutdruck
Affirmation:	**Ich befreie mich von allen Zwängen.**

Seelisch-mentale Blockaden:

- sich selber unter Erfolgszwang stellen
- Leistungen nur unter Zeitdruck erbringen
- seinen Frust an anderen ausleben
- überperfekt sein
- Aggressionen (gegen sich und andere) unterdrücken

Diese(s) Engel-Kombi-Essenz / Öl hilft:

- mehr Gelassenheit ins Leben zu bringen
- seine Zeit besser einzuteilen
- sich seiner Aggressionen bewusst zu werden
- Überenergie zu kanalisieren
- Druck von anderen nicht zu übernehmen

Unterscheidung:

Kein(e) vergleichbare(s) Essenz / Öl

Engel-Kombi-Essenz und Engel-Kombi-Öl No. 47 | ROTHAEL

Grundthema:	Durchsetzung; Umsetzung
Chakrenebene:	Wurzel-Chakra
Farbfrequenzen:	weiß
Körperliche Ebene:	Zähne
Affirmation:	**Ich setze mich im Leben durch.**

Seelisch-mentale Blockaden:

- schwierigen Situationen ausweichen
- Herausforderungen nicht annehmen
- den Weg des geringsten Widerstandes gehen
- eine Sache nicht zu Ende führen
- keinen richtigen „Biss“ haben

Diese(s) Engel-Kombi-Essenz / Öl hilft:

- das Durchhaltevermögen zu steigern
- sich in schwierigen Situationen durchzubeißen
- Ideen und Vorhaben in die Tat umzusetzen
- seinen Lebensplan zu leben
- Hindernisse zu überwinden

Unterscheidung:

Engel-Essenz No. 21 – Beharrlichkeit und Erfüllung:
unterstützt den Glauben an einen positiven Ausgang

Engel-Essenz No. 35 – Tatkraft und Erfolg:
schenkt den Glauben an Erfolg; besonders in ausweglosen Situationen

Engel-(Aura-)Essenz No. 47 – Erzengel Uriel:
erdet, stärkt und zentriert; bringt positive Grundeinstellung und Freude

Engel-Kombi-Essenz und Engel-Kombi-Öl No. 48 | DARIEL

Grundthema: Süße des Lebens
Chakrenebene: Herz-Chakra, Solarplexus
Farbfrequenzen: hellblau
Körperliche Ebene: Diabetes
Affirmation: **Ich genieße das Leben und die Liebe.**

Seelisch-mentale Blockaden:

- im Leben auf vieles verzichtet haben
- auf sich selber völlig vergessen
- das Leben nicht genießen können
- fehlende Süße im Leben
- Angst vor der Liebe

Diese(s) Engel-Kombi-Essenz / Öl hilft:

- die angenehmen Seiten des Lebens zu entdecken
- sich den Wunsch nach Liebe einzugestehen
- sich für Liebe auf allen Ebenen zu öffnen
- unerlöste Ebenen der Liebe zu erlösen
- Nehmen und Geben zu lernen

Unterscheidung:

Engel-Essenz No. 2 – Liebe und Selbsthilfe:
verhilft zur Erkenntnis, dass die Liebe zu sich selbst genauso wichtig ist wie Liebe zu anderen Menschen
Engel-Kombi-Essenz / Öl No. 51 – Lithael | Haut:
hilft bei zu wenig oder zu starken Abgrenzungen zur Außenwelt
Engel-Kombi-Essenz / Öl No. 52 – Buriel | Asthma:
unterstützt in Situationen, die Abgrenzung erfordern
Engel-Aura-Essenz – Energetische Abgrenzung:
schützt vor energetischen Lecks und füllt verlorengegangene Energien wieder nach

Engel-Kombi-Essenz und Engel-Kombi-Öl No. 49 | WISMAEL

Grundthema:	Etwas nicht verdauen können
Chakrenebene:	Solarplexus
Farbfrequenzen:	blassgelb-blassorange
Körperliche Ebene:	Enzyme
Affirmation:	**Ich bewältige mein Leben mit Leichtigkeit.**

Seelisch-mentale Blockaden:

- Probleme nicht verdauen können
- funktionieren anstatt zu leben
- Veränderungsprozesse hinauszögern
- alles hinterfragen und zerlegen
- sich von übertriebenem Ehrgeiz „auffressen lassen“

Diese(s) Engel-Kombi-Essenz / Öl hilft:

- Probleme in kleine Portionen zu zerlegen
- sich Schritt für Schritt weiterzuentwickeln
- Ungesagtes nicht hinunterzuschlucken
- großzügiger zu sich selbst zu werden
- Veränderungen zuzulassen

Unterscheidung:

Kein(e) vergleichbare(s) Essenz / Öl

Engel-Kombi-Essenz und Engel-Kombi-Öl No. 50 | VONIEL

Grundthema: festgefahrene Verhaltensmuster
Chakrenebene: Scheitelchakra
Farbfrequenzen: blassviolett
Körperliche Ebene: Rheuma
Affirmation: **Ich übe mich in Toleranz.**

Seelisch-mentale Blockaden:

- festgefahrene Einstellungen
- Dogmatismus
- geistige Unbeweglichkeit
- zur Ruhe gezwungen werden
- in überholten Ansichten erstarrt sein

Diese(s) Engel-Kombi-Essenz / Öl hilft:

- sein Leben zu hinterfragen
- andere Meinungen gelten zu lassen
- toleranter zu werden
- seinen geistigen Horizont zu erweitern
- Neuem gegenüber aufgeschlossen zu sein

Unterscheidung:

Engel-Essenz No. 6 – Veränderung und Verwandlung:
hilft, im Fluss des Lebens zu bleiben
Engel-Essenz No. 13 – Entscheidung und Neuorientierung:
fördert Entscheidungsfähigkeit und Neuausrichtung im Leben
Engel-(Aura-)Essenz No. 48 – Erzengel Zadkiel:
unterstützt tiefgreifende Veränderungen im Leben
Engel-Kombi-Essenz / Öl No. 27 – Sariel | Knochen:
hilft, innere Zwänge und Sturheit zu erkennen und loszulassen
Engel-Kombi-Essenz / Öl No. 30 – Sirael | Wechsel:
erleichtert den Wechsel von einem Lebensabschnitt in den nächsten

Engel-Kombi-Essenz und Engel-Kombi-Öl No. 51 | LITHAEL

Grundthema:	Abgrenzungsprobleme
Chakrenebene:	Wurzel- und Herz-Chakra
Farbfrequenzen:	grün-gold
Körperliche Ebene:	Haut
Affirmation:	**Ich lasse das Leben an mich heran.**

Seelisch-mentale Blockaden:

- Angst vor (zu viel) Nähe
- Angst, berührt zu werden
- seine Grenzen nicht erkennen
- sich und andere einschränken
- bei Kindern: Angst, nicht angenommen zu werden
- sich im grobstofflichen Körper eingesperrt fühlen

Diese(s) Engel-Kombi-Essenz / Öl hilft:

- kontaktfreudiger zu werden
- andere Menschen nicht als Bedrohung zu empfinden
- Zärtlichkeit zu leben
- Probleme verbal auszudrücken
- lange Verdrängtes ins Bewusstsein zu holen

Unterscheidung:

Engel-Kombi-Essenz / Öl No. 52 – Buriel | Asthma:
unterstützt in Situationen, die Abgrenzung erfordern

Engel-Aura-Essenz – Energetische Abgrenzung:
schützt vor energetischen Lecks und füllt verlorengegangene Energien wieder nach

Engel-Kombi-Essenz und Engel-Kombi-Öl No. 52 | BURIEL

Grundthema:	Freiheit; Weite, Großzügigkeit
Chakrenebene:	Herz- und Kehlchakra
Farbfrequenzen:	gelbgrün-weiß gefleckt
Körperliche Ebene:	Asthma
Affirmation:	**Ich erkenne meine Begrenzungen.**

Seelisch-mentale Blockaden:

- Probleme im Nehmen und Geben
- Sich-verschließen-Wollen
- unterdrückte Aggressionen
- Dominanzanspruch und Kleinlichkeit
- Probleme mit Sexualität und Liebe

Diese(s) Engel-Kombi-Essenz / Öl hilft:

- den Ausgleich zwischen Nehmen und Geben zu erfahren
- Offenheit und Ehrlichkeit zu leben
- Aggressionen in Worte zu kleiden
- sich durchzusetzen, ohne Macht auszuüben
- Sexualität und Liebe geben und annehmen zu lernen

Unterscheidung:

Kein(e) vergleichbare(s) Essenz / Öl

Engel-Kombi-Essenz und Engel-Kombi-Öl No. 53 | MARIEL

Grundthema: Anpassung, Selbstaufgabe
Chakrenebene: Stirn-Chakra
Farbfrequenzen: hellblau-weiß gefleckt
Körperliche Ebene: Wetterfühligkeit
Affirmation: **Ich achte auf meine Bedürfnisse.**

Seelisch-mentale Blockaden:

- sich zu sehr an die Außenwelt anpassen
- sich unbewusst gegen Veränderungen wehren
- sich bis zur Selbstaufgabe aufopfern
- sich „mit dem Wind drehen“
- Wind: steigert Aggressionen / Föhn: nimmt Energie

Diese(s) Engel-Kombi-Essenz / Öl hilft:

- seine eigenen Standpunkte zu vertreten
- seine eigenen Bedürfnisse zu erkennen und zu leben
- seine Identität zu bewahren
- im Einklang mit der Umwelt zu leben
- geerdet zu sein

Unterscheidung:

Engel-Essenz No. 2 – Liebe und Selbsthilfe:
verhilft zur Erkenntnis, dass die Liebe zu sich selbst genauso wichtig ist wie Liebe zu anderen Menschen
Engel-Aura-Essenz – Energetische Abgrenzung:
schützt vor energetischen Lecks und füllt verlorengegangene Energien wieder nach

Engel-Kombi-Essenz und Engel-Kombi-Öl No. 54 | THORIEL

Grundthema: „Etwas nicht hören wollen“
Chakrenebene: Stirn-Chakra
Farbfrequenzen: hellgelb
Körperliche Ebene: Ohren
Affirmation: **Ich höre auf meine innere Stimme.**

Seelisch-mentale Blockaden:

- Dauer-Nörgler im Umfeld haben
- Lärmempfindlichkeit
- nicht zuhören wollen
- nicht auf die innere Stimme hören
- verstopft sein: Umwelteinflüsse nicht mehr verarbeiten können

Diese(s) Engel-Kombi-Essenz / Öl hilft:

- Wesentliches von Unwesentlichem zu unterscheiden
- der inneren Stimme zu vertrauen
- geduldig zuzuhören
- innerlich und äußerlich ruhiger zu werden
- den eigenen Standpunkt (laut) zu vertreten

Unterscheidung:

Kein(e) vergleichbare(s) Essenz / Öl

Engel-Kombi-Essenz und Engel-Kombi-Öl No. 55 | LICAEL

Grundthema: Selbstreinigungsprozess
Chakrenebene: alle Chakren
Farbfrequenzen: blassgrün
Körperliche Ebene: Lymphe
Affirmation: **Ich lasse alles los, was mir schadet.**

Seelisch-mentale Blockaden:
- emotional vergiftet sein
- nicht loslassen können
- in ständiger Abwehrbereitschaft leben
- versteckte Konflikte in sich tragen

Diese(s) Engel-Kombi-Essenz / Öl hilft:
- Altes und Verbrauchtes zu erkennen
- körperliche und seelische Giftstoffe loszulassen
- Selbstreinigungsprozesse zu unterstützen
- frei von Belastungen zu werden
- einen Neubeginn zu setzen

Unterscheidung:

Engel-Essenz No. 4 – Reinheit und Klarheit:
bringt Klarheit in verworrene Situationen; klärt alte, blockierende Muster und Vorstellungen

Engel-Essenz No. 36 – Loslassen:
hilft, alte Muster und Vorstellungen, aber auch Beziehungen, Jobs und materielle Sicherheiten loszulassen

Engel-Essenz No. 38 – Karmaerlösung:
unterstützt alle karmischen Aufarbeitungsprozesse im Alltag

Engel-(Aura-)Essenz No. 45 – Erzengel Gabriel:
bringt Licht und Klarheit in unser Leben; durchleuchtet verworrene Situationen

Kombi-Essenz / Öl No. 4 – Aniel | Erkältung, Entgiftung, Entschlackung:
befreit von emotionalen, energetischen und chemischen Schlacken

Engel-(Aura-)Essenz – Energetische Reinigung:
reinigt die Aura von allen Fremdenergien und verhafteten Seelen

Engel-Kombi-Essenz und Engel-Kombi-Öl No. 56 | NIRAEL

Grundthema:	Verletzungen in der Sexualität
Chakrenebene:	Sexual- und Herz-Chakra
Farbfrequenzen:	lachs (hell)
Körperliche Ebene:	Sexualität
Affirmation:	**Ich lasse meine Verletzungen los.**

Seelisch-mentale Blockaden:

- Angst vor Sexualität
- Abneigung gegen Sexualität
- als Sexobjekt behandelt werden / worden sein
- sexuelle Abhängigkeit mit Liebe verwechseln
- von Eltern übernommene negative Einstellung zur Sexualität

Diese(s) Engel-Kombi-Essenz / Öl hilft:

- belastende Einstellung zu Sexualität ins Positive zu verändern
- Schock nach sexueller Nötigung aufzulösen
- sich sexuell nicht benützen zu lassen
- Sexualität mit Liebe zu verbinden
- Hörigkeiten zu erkennen

Unterscheidung:

Engel-Essenz No. 11 – Geborgenheit und Sicherheit:
unterstützt Geborgenheit und Sicherheit trotz negativer Erfahrungen
Engel-Kombi-Essenz / Öl No. 15 – Rihael | Weibliche Sexualhormone:
löst Probleme mit der Weiblichkeit und seelische Verletzungen in diesem Bereich
Engel-Kombi-Essenz / Öl No. 16 – Rosael | Menstruation:
hilft bei Ablehnung der Weiblichkeit und des weiblichen Körpers; Angst vor weiblicher Kraft

Engel-Kombi-Essenz und Engel-Kombi-Öl No. 57 | UTHAEL

Grundthema: Veränderung; Entwicklung
Chakrenebene: alle Chakren
Farbfrequenzen: diverse Farben
Körperliche Ebene: Pubertätsprobleme
Affirmation: **Ich verändere mich in Liebe.**
Besonderheit: Essenz und Öl können nicht nur von Pubertierenden, sondern auch von Erwachsenen, die Probleme mit pubertierenden Jugendlichen haben (z. B. Eltern, Erzieher) bzw. ihre eigene Pubertät aufarbeiten möchten, angewendet werden.

Seelisch-mentale Blockaden:

- aus der Mitte gefallen sein
- die Orientierung verloren haben
- sich nicht wohl in seiner Haut fühlen
- einen neuen Platz in der Familie / Gesellschaft suchen
- auf der Suche nach sich selbst sein

Diese(s) Engel-Kombi-Essenz / Öl hilft:

- die eigene Pubertät aufzuarbeiten
- die innere Balance wieder herzustellen
- mit Pubertierenden besser zurechtzukommen
- sich von der „Raupe" zum „Schmetterling" zu entwickeln
- sich selbst zu lieben und anzunehmen

Unterscheidung:

Engel-Essenz No. 6 – Veränderung und Verwandlung:
hilft, im Fluss des Lebens zu bleiben
Engel-Essenz No. 13 – Entscheidung und Neuorientierung:
fördert Entscheidungsfähigkeit und Neuausrichtung im Leben
Engel-(Aura-)Essenz No. 48 – Erzengel Zadkiel:
unterstützt tiefgreifende Veränderungen im Leben
Engel-Kombi-Essenz / Öl No. 27 – Sariel | Knochen:
hilft, innere Zwänge und Sturheit zu erkennen und loszulassen
Engel-Kombi-Essenz / Öl No. 30 – Sirael | Wechsel:
erleichtert den Wechsel von einem Lebensabschnitt in den nächsten

Engel-Kombi-Essenz und Engel-Kombi-Öl No. 58 | ERAEL

Grundthema: Anspannung; Verkrampfung
Chakrenebene: Solarplexus
Farbfrequenzen: lachsrosa
Körperliche Ebene: Muskulatur
Affirmation: **Ich lasse alle Verkrampfungen los.**

Seelisch-mentale Blockaden:

- übertriebenen Ehrgeiz besitzen
- an Selbstüberschätzung leiden
- angespannte Lebenssituationen ertragen
- innerlich und äußerlich verkrampft sein
- sich nur mehr treiben lassen

Diese(s) Engel-Kombi-Essenz / Öl hilft:

- die eigenen Fähigkeiten richtig einzuschätzen
- leiser zu treten
- für Änderungen der Lebenssituation bereit zu sein
- sich innerlich und äußerlich zu entspannen
- für geistige und seelische Bewegung zu motivieren

Unterscheidung:

Engel-Essenz No. 36 – Loslassen:
hilft, alte Muster und Vorstellungen, aber auch Beziehungen, Jobs und materielle Sicherheiten loszulassen
Engel-Kombi-Essenz No. 39 – Raniel | Entspannung:
unterstützt Entspannung auf der körperlichen und seelischen Ebene

Engel-Kombi-Essenz und Engel-Kombi-Öl No. 59 | ISMAEL

Grundthema:	Hilfe in Übergangssituationen
Chakrenebene:	alle Chakren
Farbfrequenzen:	violett-blau-gold
Körperliche Ebene:	Sterbebegleitung
Affirmation:	**Ich lasse alles los und vertraue.**

Seelisch-mentale Blockaden:

- Angst vor tiefgreifenden Veränderungen
- Angst vor der Ungewissheit
- mit aller Macht am Leben bleiben wollen
- die Themen Tod und Sterben verdrängen
- Angst vor dem Tod

Diese(s) Engel-Kombi-Essenz / Öl hilft:

- in schwierigen Übergangssituationen angstfrei zu bleiben
- ein tiefes Vertrauen zu entwickeln
- der Engelwelt gewahr zu werden
- Sterbenden und Angehörigen: gegenseitig loszulassen
- dem Übergang ruhig entgegenzusehen

Unterscheidung:

Engel-Essenz No. 6 – Veränderung und Verwandlung: hilft, im Fluss des Lebens zu bleiben
Engel-Essenz No. 26 – Erneuerung und Entwicklung: unterstützt Entwicklung auf allen Ebenen; löst Angst und / oder Bequemlichkeit in Erneuerungsprozessen
Engel-Essenz No. 27 – Tod und Wiedergeburt: fördert den „Durchbruch" auf allen Ebenen
Engel-Essenz No. 36 – Loslassen: hilft, alte Muster und Vorstellungen, aber auch Beziehungen, Jobs und materielle Sicherheiten loszulassen
Engel-(Aura-)Essenz No. 48 – Erzengel Zadkiel: unterstützt tiefgreifende Veränderungen im Leben
Engel-Kombi-Essenz / Öl No. 30 – Sirael | Wechsel: erleichtert den Wechsel von einem Lebensabschnitt in den nächsten

Engel-Aura-Essenzen

„Bitte versteht, dass euch zu schützen
das Beste ist, was ihr für euch tun könnt."

>Kryon<

Eine weitere wunderbare Anwendungsform der Engelessenzen sind die Engel-Aura-Essenzen. Diese enthalten die Energien der Erzengel-Symbole bzw. ausgewählter Engel-Therapie-Symbole und sind mit reinen, ätherischen Ölen beduftet.

Engel-Aura-Essenzen werden über dem Kopf in die Aura gesprüht. Sie sind für den täglichen Gebrauch gedacht, unterstützen aber ebenso jede therapeutische Behandlung. Auch Pflanzen und Tiere lieben diese Essenzen.

Engel-Aura-Essenzen reinigen, kräftigen und schützen die Aura. Sie erhöhen die Schwingung in Wohn-, Therapie- und Meditationsräumen, ebenso in Krankenzimmern, Schulen und Kindergärten, Büros, Geschäften, im Auto oder Flugzeug.

Kombinieren Sie Engel-Aura-Essenzen mit Symbolen, Engelessenzen und Engel-Kombi-Essenzen oder Engel-Kombi-Ölen und lassen Sie sich von diesen wunderbaren Engelenergien umhüllen und beschützen!

Engel-Aura-Essenz
»Erzengel Michael«

Diese Erzengel-Aura-Essenz begleitet und stärkt in allen schwierigen Lebenslagen und bringt Ruhe, Frieden und Geborgenheit. Sie schützt in unangenehmen Situationen sowie auf Autofahrten und längeren Reisen.

Affirmation: **Mit deiner Hilfe bin ich auf allen Ebenen geschützt.**

Seelisch-mentale Blockaden:
- sich Gefahren aussetzen
- die Nerven verlieren
- bewusste und unbewusste Ängste
- ungerecht behandelt werden
- Angst vor neuen, unbekannten Lebensumständen

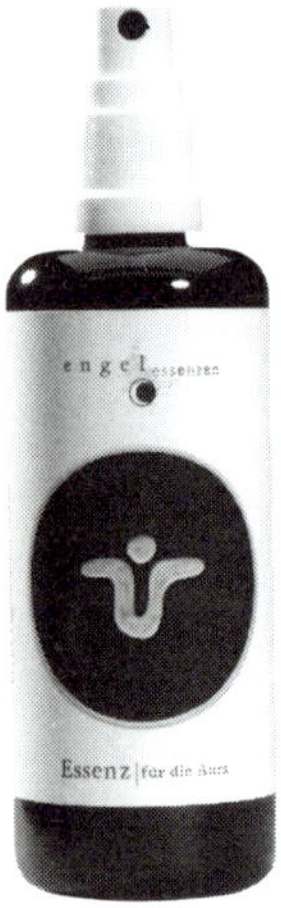

Diese Engel-Aura-Essenz hilft:
- loszulassen und zu vertrauen
- sich für eine gute Sache stark zu machen
- sich innerlich zu entkrampfen
- in kritischen Situationen ruhig zu bleiben
- sich absolut sicher und geborgen zu fühlen

Für Workaholics und Menschen, die viel im Auto oder im Flugzeug unterwegs sind. (Gehört ins Handschuhfach bzw. ins Reisegepäck!)

Engel-Aura-Essenz

»Erzengel Jophiel«

Diese Erzengel-Aura-Essenz hilft bei zu starker Kopflastigkeit, bei Zweifeln und Ängsten und verleiht innere Festigkeit, Heiterkeit und Lebensfreude. Sie bringt in Kontakt mit der inneren Stimme, der inneren Weisheit und Intuition.

Affirmation: **Mit deiner Hilfe gelange ich an meine innere Weisheit.**

Seelisch-mentale Blockaden:

- geistige Trägheit
- starke Selbstzweifel
- Freudlosigkeit / Phlegma
- Angst / Verwirrung
- Lustlosigkeit / Verdrossenheit

Diese Engel-Aura-Essenz hilft:

- Heiterkeit und Lebendigkeit zu genießen
- nach dem inneren Wissen zu leben
- sich geistig weiterzuentwickeln
- Freude / Fröhlichkeit / Dankbarkeit zu entwickeln
- von festgefahrenen Ansichten loszukommen

Für alle Arten von depressiven Verstimmungen, Panikattacken, Selbstverleugnung und bei Kritiksucht.

Engel-Aura-Essenz
»Erzengel Chamuel«

Diese Erzengel-Aura-Essenz hilft, seelische Verletzungen zu heilen sowie Liebe und Nähe zuzulassen und zu genießen. Durch sie können alle zwischenmenschlichen Begegnungen harmonischer werden, sei es in der Partnerschaft, in der Familie, in der Schule oder im Job.

Affirmation: **Mit deiner Hilfe lerne ich, bedingungslos zu lieben.**

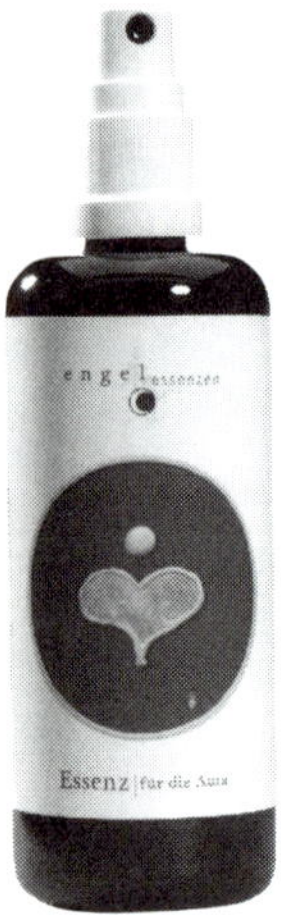

Seelisch-mentale Blockaden:

- Angst vor (intensiven) Gefühlen
- Nähe nicht zulassen können
- Verletzungen aus der Kindheit
- kein Vertrauen in Beziehungen haben
- Liebes- und Gefühlsdefizit

Diese Engel-Aura-Essenz hilft:

- Liebe zu geben und zu empfangen
- das Herz-Chakra zu öffnen
- seine (innere) Weiblichkeit zu leben
- seelische Verletzungen zu heilen
- zwischenmenschliche Liebe zu leben

Für eine sanfte Öffnung des Herz-Chakras, Heilung seelischer Verletzungen, Arbeit mit dem Inneren Kind sowie alle Formen von Paar-Therapien.

Engel-Aura-Essenz
»Erzengel Gabriel«

Diese Erzengel-Aura-Essenz unterstützt die Klärung und Reinigung auf geistiger und körperlicher Ebene und bringt Licht und neue Energien in unser Leben. Sie unterstützt seelische, körperliche und energetische Reinigungsprozesse.

Affirmation: **Mit deiner Hilfe gelange ich zu Klarheit.**

Seelisch-mentale Blockaden:
- emotional vergiftet sein
- sich mit Zweifeln herumschlagen
- sich schwer entscheiden können
- in einer aussichtslosen Situation stecken

Diese Engel-Aura-Essenz hilft:
- Klarheit in Entscheidungen zu bringen
- den eigenen Lebensplan deutlicher zu sehen
- eine verwirrte Situation aufzulösen
- sich von seelischen Schlacken zu reinigen
- sein Spiegelbild im Umfeld deutlicher zu erkennen

Für alle Arten von Therapiebehandlungen, die belastende Emotionen auflösen und ausscheiden. Aber auch für Mütter in spe - unterstützt die Empfängnis(bereitschaft).

Engel-Aura-Essenz
»Erzengel Raphael«

Diese Erzengel-Aura-Essenz unterstützt alle körperlichen und seelischen Heilungsprozesse und schenkt neue Lebensimpulse. Sie fördert den Selbstheilungsprozess des Körpers und befreit von Gefühlsdefiziten und emotionalen Begrenzungen.

Affirmation: **Mit deiner Hilfe werde ich heil an Körper, Geist und Seele.**

Seelisch-mentale Blockaden:

- sich eingeschränkt fühlen
- das Herz-Chakra verschlossen haben
- im Heilungsprozess stagnieren
- Heilkräfte brachliegen lassen
- die Hoffnung auf Heilung aufgegeben haben

Diese Engel-Aura-Essenz hilft:

- Heilung zuzulassen
- sich den Menschen zu öffnen
- sich seiner Heilerfähigkeiten bewusst werden
- Verletzungen auf der Herzensebene zu heilen
- alle Arten von Heilungsprozessen zu unterstützen

Für Helfer und Heiler, Ärzte und Therapeuten, Krankenzimmer, Ordination und Therapieraum.

Engel-Aura-Essenz

»Erzengel Uriel«

Diese Erzengel-Aura-Essenz stärkt in Zeiten der Kraft- und Mutlosigkeit, bringt Energie und Optimismus und unterstützt die Umsetzung unserer Vorhaben. Sie hilft, uns zu erden und den Stürmen des Lebens zu trotzen.

Affirmation: **Mit deiner Hilfe lasse ich die Freude ein in mein Leben.**

Seelisch-mentale Blockaden:

- aus der Mitte gefallen sein
- sich energetisch leer fühlen
- zaudernd / wankelmütig sein
- die Freude an allem verloren haben
- Ideen und Vorhaben nicht umsetzen

Diese Engel-Aura-Essenz hilft:

- innere Struktur und Halt zu finden
- sich zu zentrieren und zu erden
- Mut und Freude wiederzuerlangen
- Pläne und Ideen in die Tat umzusetzen
- die Pflichten des Alltags mit Freude zu bewältigen

Für Regeneration nach Krankheit, Operation oder schwieriger Entbindung; nach Meditation zur Erdung; gegen Jetlag; für Erdheilung.

Engel-Aura-Essenz
»Erzengel Zadkiel«

Diese Erzengel-Aura-Essenz stärkt und hilft in Zeiten großer Veränderungen und Umwälzungen und unterstützt Loslassen und Neubeginn. Sie hilft, seelischen Kummer und Schmerz leichter zu verarbeiten, Trauer aufzulösen und zu verzeihen.

Affirmation: **Mit deiner Hilfe vergebe und erlöse ich.**

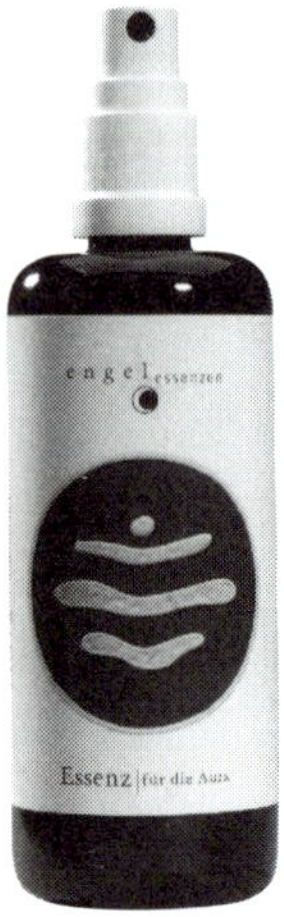

Seelisch-mentale Blockaden:
- Angst vor Veränderung
- Nicht-hier-sein-Wollen
- Unbewältigte Trauer
- schmerzhafte Veränderungen
- in einer Entwicklungsphase stecken bleiben

Diese Engel-Aura-Essenz hilft:
- Trauerarbeit zu unterstützen
- mediale Fähigkeiten zu entwickeln
- leichter zu vergeben und zu verzeihen
- seinen Platz in der Welt zu finden
- Veränderungsprozesse sanfter zu durchleben

Auch für Reinkarnationstherapien und Rebirthing.

Engel-Aura-Essenz
»Erzengel Metatron«

Diese Erzengel-Aura-Essenz hilft bei der Umsetzung und Erreichung unserer Vorhaben, Visionen und Lebensziele, gleicht Körper, Geist und Seele aus und unterstützt die spirituelle Entwicklung.

Affirmation: **Mit deiner Hilfe erfülle ich meinen Lebensplan.**

Seelisch-mentale Blockaden:
- „In der Luft hängen"
- unerfüllte Herzenswünsche
- vom Lebensplan abgekommen sein
- die Sinnhaftigkeit des Lebens nicht erkennen
- sich ohne erkennbaren Grund unwohl fühlen

Diese Engel-Aura-Essenz hilft:
- Visionen in die Realität zu bringen
- Spiritualität zu entwickeln und zu leben
- mit dem Göttlichen in Verbindung zu kommen
- Zugang zur Akasha-Chronik zu erlangen
- Körper, Geist und Seele in Einklang zu bringen

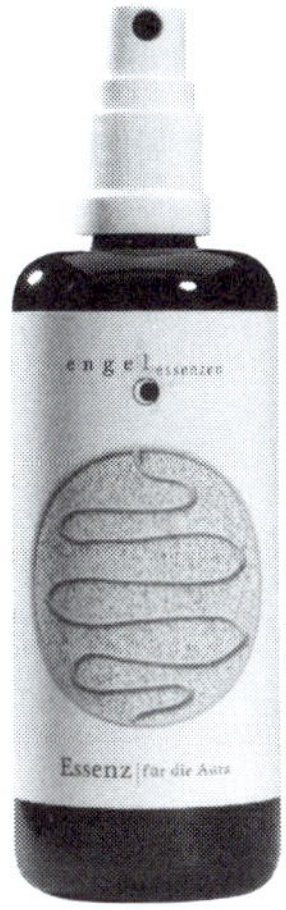

Für alle Entwicklungsprozesse auf der körperlichen, seelischen und geistigen Ebene. Hilfreich bei Problemen im Lichtkörperprozess (körperlich, seelisch, mental).

Engel-Aura-Essenz

»Energetische Abgrenzung«

Diese Aura-Essenz schützt unsere feinstofflichen Körper vor Energieverlust durch Mitmenschen. Sie verringert die Bereitschaft, sich energetisch schwächen zu lassen bzw. sich Probleme von anderen aufzubürden. Besonders empfehlenswert vor und nach Besuchen in Krankenhäusern und psychiatrischen Kliniken.

Affirmation: **Ich bin geschützt vor Energieverlusten / energetischen Belastungen durch Mitmenschen.**

Seelisch-mentale Blockaden:

- eine gute Seele sein
- eine Opfer-Rolle spielen
- Lebensenergie von anderen anzapfen lassen
- eine „übersoziale“ Ader haben; Retter-Syndrom
- Lebensenergie unbewusst anderen anbieten
- mit-leiden statt mit-fühlen

Diese Engel-Aura-Essenz hilft:

- sich „Energieräubern“ energetisch zu verschließen
- sich in therapeutischen Sitzungen energetisch abzugrenzen
- energetische Lecks zu schließen und Energie aufzufüllen
- sich vor / in schwierigen Lebenssituationen zu stärken
- sich vor / während Krankenhausaufenthalten energetisch abzudichten
- sich vor schwarzmagischen Angriffen zu schützen

Füllt energetische Lecks wieder auf und festigt die Aura. Besonders empfehlenswert für die tägliche Anwendung am Morgen

Unterscheidung zu „Strahlungsschutz“: schützt vor belastenden menschlichen Energien, Emotionen, Negativität, sowie den Energien erdverhafteter Seelen; „Strahlungsschutz“ schützt vor technischen Strahlungen.

Engel-Aura-Essenz
»Energetische Reinigung«

Diese Aura-Essenz reinigt die feinstofflichen Körper und Chakren von anhaftenden Fremdenergien und energetischen Belastungen. Sie verringert die Bereitschaft, erdverhaftete Seelen anzuziehen und von diesen energetisch geschwächt zu werden. Besonders empfehlenswert vor und nach Besuchen in Krankenhäusern und psychiatrischen Kliniken.

Affirmation: **Ich bin geschützt vor Fremdenergien aller Art.**

Seelisch-mentale Blockaden:
- sich um alles und jeden annehmen
- wie ein Schwamm alles Negative aufsaugen
- auch: an Verstorbenen festhalten
- mit Problemen anhaftender Seelen in Resonanz stehen
- Clearing-Medium sein (oft ohne es zu wissen)

Diese Engel-Aura-Essenz hilft:
- anhaftende Seelen ins Licht zu führen
- sich vor immer wiederkehrenden Fremdenergien zu schützen
- sich nicht als „energetischer Mülleimer" zur Verfügung zu stellen
- einen Verstorbenen ins Licht zu führen (Aura-Essenz auf Foto des Verstorbenen stellen)
- Personen zu reinigen
  - > von den energetischen Belastungen des Tages
  - > nach Krankenhausaufenthalten
  - > von negativen Energien anderer Menschen
  - > nach Therapiesitzungen (auch den Therapieraum, Steine, etc.)
  - > nach Besuchen in psychiatrischen Kliniken oder auf Friedhöfen

Baut einen Lichtkanal auf, über den vorhandene Fremdenergien und verhaftete Seelen ins Licht geleitet werden. Für die Reinigung von Therapie- und Wohnräumen, Spielsachen und Kleidungsstücken, die von anderen (Kindern) übernommen wurden, und die Gesamtreinigung der Aura am Abend.

Engel-Aura-Essenz
»Strahlungsschutz«

Diese Aura-Essenz schützt die feinstofflichen Körper (Aura) vor negativen Belastungen durch Satelliteneinstrahlung, vor kosmischen Einstrahlungen, Umweltbelastungen, geringen radioaktiven Strahlungen, Computerstrahlungen und Strahlungen von sonstigen technischen Geräten.

Affirmation: **Ich bin vor äußeren Einflüssen geschützt.**

Seelisch-mentale Blockaden:

- sich nicht zur Wehr setzen
- sich ausgeliefert fühlen
- den Attacken anderer ausgesetzt sein
- sich in exponierter Lage fühlen
- auf jemanden wie elektrisiert reagieren (im Negativen)

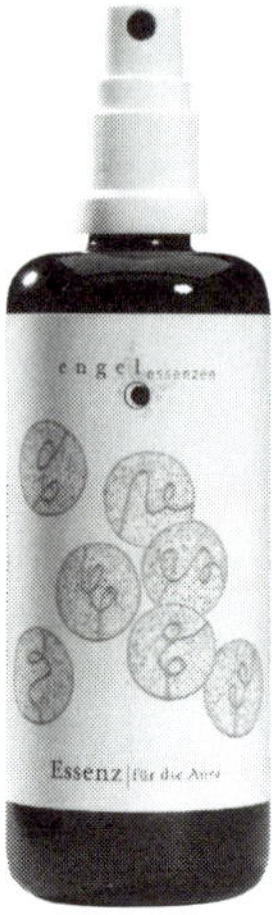

Diese Engel-Aura-Essenz hilft:
die feinstofflichen Körper zu schützen vor:

- Satelliteneinstrahlung
- kosmischen Einstrahlungen
- Computerstrahlungen
- Röntgenstrahlen
- geringen radioaktiven Einstrahlungen
- Ultraschall- und CT-Belastungen

Vor und nach medizinisch-technischen Untersuchungen mindestens eine Woche lang mehrmals täglich in die Aura sprühen. Hilfreich auch für Klinik-Personal, das technischen Strahlungen ständig ausgesetzt ist. Aber auch ein „Muss" für passionierte Internet-Surfer!

Unterscheidung zu Engel-Aura-Essenz „Energetische Abgrenzung":

„Strahlungsschutz" schützt vor technischen Strahlungen, „Energetische Abgrenzung" vor belastenden menschlichen Energien, Emotionen, Negativität, sowie den Energien erdverhafteter Seelen; verhindert Energieverlust durch menschliche Energieräuber.

Engel-Aura-Essenz
»Baby & Kleinkind | Beruhigung«

Diese Baby- und Kleinkinder-Essenz stärkt und reinigt die Aura von Babys und Kleinkindern und schützt sie vor energetischen Belastungen. Sie bringt Ruhe, Frieden und Geborgenheit und wird auch bei Schlafproblemen gerne verwendet. Besonders nach der Geburt, im Krankheitsfall oder vor / nach Operationen zeigt sie beruhigende Wirkung. Gut geeignet für Kindergarten und Kinderzimmer.

Affirmation: **Ich nehme das Leben an.**

Seelisch-mentale Blockaden:

- Schocks und Ängste, entstanden in Schwangerschaft, Neugeborenen-, Baby- und Kleinkindalter
- sich dem irdischen Leben nicht anpassen können
- mit unangenehmen Energien nicht zurechtkommen
- sich nicht verstanden, nicht geborgen oder ungeliebt fühlen
- wieder dahin zurückwollen, von wo man hergekommen ist

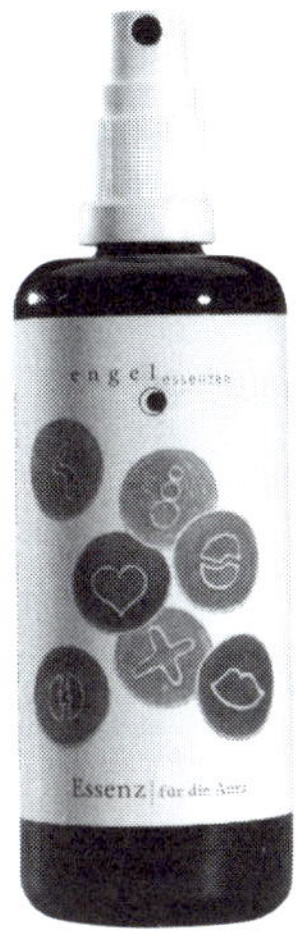

Diese Engel-Aura-Essenz hilft:

- Schocks und Traumata aus der Schwangerschaft, Neugeborenen-, Baby- und Kleinkindzeit aufzulösen
- Entwicklungsschritte (z.B. Trotzphase) zu unterstützen
- besser ein- oder durchzuschlafen
- Geborgenheit im Sein zu erlangen

Für alle Therapieformen, welche die Probleme während Schwangerschaft und Geburt sowie frühkindliche Traumen auflösen. In den letzten beiden Schwangerschaftsmonaten, unmittelbar nach der Geburt und in den ersten Lebenstagen verstärkt angewendet, ermöglicht es dem Baby, „sanfter auf der Erde zu landen“.

Unterscheidung:

Engel-Aura-Essenz „Baby & Kleinkinder-Beruhigung“ schützt Babys und Kleinkinder bis zum Ende des Kindergartenalters; die „Kinder-Beruhigung“-Essenz vom beginnenden Schulalter bis zur Pubertät.

Engel-Aura-Essenz
»Kinder | Beruhigung«

Diese Kinder-Essenz schützt und stärkt in allen schwierigen Lebenslagen. Sie kräftigt und reinigt die Aura der Kinder und schützt sie vor energetischen Belastungen. Des weiteren unterstützt sie Frieden und Geborgenheit und zeigt bei Schlafproblemen gute Wirkung. Sie bietet im Krankheitsfall oder vor / nach Operationen optimalen Schutz und unterstützt den Heilungsverlauf. Optimal für Kinderzimmer und Schulklassen.

Affirmation: **Ich vertraue mich dem Leben an.**

Seelisch-mentale Blockaden:

- Schocks und Ängste, die auf die Kindheit zurückzuführen sind
- sich dem Leben nicht anpassen können
- mit unangenehmen Energien nicht zurechtkommen
- sich nicht verstanden fühlen
- zu wenig Geborgenheit bekommen

Diese Engel-Aura-Essenz hilft:

- Angst- und Schrecksituationen aufzulösen
- Schocks und Traumata aus der frühen Kindheit aufzuarbeiten
- Entwicklungsschritte zu erleichtern
- besser ein- oder durchzuschlafen
- die Arbeit mit dem Inneren Kind zu erleichtern

Unterstützt alle Arbeiten mit dem Inneren Kind und hilft, Traumata aus der Kindheit aufzulösen.

Unterscheidung:

Engel-Aura-Essenz „Baby & Kleinkinder | Beruhigung" schützt Babys und Kleinkinder bis zum Ende des Kindergartenalters; die „Kinder| Beruhigung"-Aura-Essenz vom beginnenden Schulalter bis zur Pubertät.

Engel-Aura-Essenz
»Engelmeditation«

Diese Engel-Meditations-Essenz klärt und reinigt Aura und Raum vor Meditationen und erfüllt diese mit Licht und Engelsenergien. Sie hilft, von Alltagsproblemen loszulassen und bringt Ruhe, Schutz und Geborgenheit während der Meditation. Sie erleichtert den Kontakt zur Engelwelt, vertieft ihn und lässt die Engelsenergien deutlicher fühlen.

Affirmation: **Ich lasse mich auf die Engelwelt ein.**

Seelisch-mentale Blockaden:
- vom Alltag nicht abschalten
- sich während der Meditation nicht fallen lassen
- Zweifel an der Engelwelt
- Angst vor dunklen Mächten
- sich krampfhaft auf eine Meditation konzentrieren

Diese Engel-Aura-Essenz hilft:
- Raum und Körper zu reinigen
- seiner inneren Stimme zu folgen
- der Engelwelt absolut zu vertrauen
- Aura und Chakren mit höchster Engelenergie aufzuladen
- mit der Engelwelt in Kontakt zu treten

Diese Aura-Essenz enthält die Energien aller acht Erzengel-Essenzen, die in diesem Buch beschrieben werden!

Engel-Aura-Essenz
»Konzentration«

Diese Aura-Essenz hilft bei Konzentrationsproblemen. Sie klärt unsere Gedanken, beruhigt in Stress-Situationen, stoppt unser Gedankenkarussell und lässt uns Wesentliches von Unwesentlichem unterscheiden.

Affirmation: **Ich konzentriere mich auf das Wesentliche.**

Seelisch-mentale Blockaden:
- in eine Traumwelt flüchten
- Wesentliches von Unwesentlichem nicht unterscheiden
- aus der inneren Mitte fallen
- sich selber nicht spüren
- Überlastung und Dauerstress

Diese Engel-Aura-Essenz hilft:
- Gedanken zu ordnen
- einen klaren Kopf zu bewahren
- Kopflastigkeit abzulegen
- kreisende Gedanken zu stoppen

Unterstützt die Aufnahmefähigkeit beim Lernen bzw. die Wiedergabefähigkeit bei Prüfungen, Vorträgen und Referaten. Hilft, in die eigene Mitte zu kommen und sich zu (kon)zentrieren.

Meditation

Lassen Sie sich diesen
Meditationstext
vorlesen oder sprechen
Sie ihn auf Band.

Du hast eine Engel-Aura-Essenz ausgewählt. Sprühe sie über deinem Kopf in deine Aura. Mach es dir bequem und schließe deine Augen.

Richte deine Handflächen nach oben und nimm die reinigende, stärkende und schützende Energie dieser Engel-Essenz in dich auf.

Während nun die Energie deiner Engel-Essenz sanft in deine Aura dringt, bitte um Kontakt zu (dem Engel) den Engeln, (dessen) deren Energie(n) in dieser Aura-Essenz enthalten (ist) sind. Stell dir diese(s) Engelwesen vor, wie (es) sie neben oder über dir (steht) stehen: in Licht und vollem Glanz, groß und mächtig, sanft und liebevoll zugleich.

Fühle nun, wie die Energie der Aura-Essenz ganz sanft in dein Scheitel-Chakra dringt. Dieses Chakra verbindet dich mit dem Göttlichen. Es darf nur behutsam geöffnet werden. Die Engelsenergien unterstützen es dabei.

Als Nächstes fließt die Aura-Essenz in dein Stirn-Chakra. Dieses Chakra – auch Drittes Auge genannt – ermöglicht dir zu visualisieren, kreativ zu denken, deine Intuition zu entwickeln, in frühere Leben einzutauchen ... Ganz sanft umfängt die Engelsenergie dein Drittes Auge und aktiviert es.

Nun umfließt die Essenz dein Kehl-Chakra. Sitzen Gefühle wie ein Kloß im Hals, schluckst du Emotionen anstatt sie auszusprechen, hast du Angst, über deine Ideen und Gedanken zu reden, dann kommen dir jetzt diese Engelsenergien zu Hilfe. Sie reinigen dein Kehl-Chakra und öffnen es für eine friedvolle Kommunikation.

Fühle nun, wie die Engelsenergien weiter nach unten sinken. Sie erreichen soeben dein Herz-Chakra. Vielleicht ist es verschlossen, weil du verletzt wurdest, weil du dich gekränkt fühlst oder seelischen Kummer hast. Lass die Engelessenz in dein Herz hinein und spüre, wie es sich behutsam öffnet, einer Blume gleich, die von der Sonne zum Erblühen gebracht wird.

Weiter wandert die Energie deiner Aura-Essenz. Sie trifft jetzt auf dein Solarplexus-Chakra, das zwischen Herz und Nabel liegt. Fühlt sich dein Körper an jener Stelle verkrampft an? Hast du Angst-Bauchschmerzen? Spürst du ein nervöses Magenflattern? Lass die Energie deiner Aura-Essenz in dieses Chakra strömen und fühle, wie es warm und strahlend wird, als würde dir die Sonne auf den Bauch scheinen.

Als Nächstes fließt die Aura-Essenz in dein Sexual-Chakra. Dieses liegt zwischen deinen Hüftknochen im Unterbauch. Ist es blockiert, hast du zu wenig Selbstbewusstsein, zu wenig Selbstliebe oder Probleme mit deiner Sexualität. Lass die Engelsenergie in dieses Chakra eindringen. Sie hilft dir, in deine Sinnlichkeit und in dein Selbstvertrauen zu kommen.

Die Engel-Aura-Essenz ist nun bis in dein Wurzel-Chakra vorgedrungen. Dieses Chakra verbindet dich mit den Energien der Erde. Die Engelsenergie unterstützt dich, Energien aus der Erde aufzunehmen, dich zu zentrieren und zu verwurzeln. Du fühlst den Boden unter deinen Füßen und weißt, dass dein Platz und deine Aufgabe hier auf der Erde ist.

Die verbleibende Engel-Aura-Essenz dringt nun in die Erde ein. Es ist ein Geschenk der Engelwelt an die Mutter Erde, die Hilfe dringend benötigt. Bedanke dich bei Mutter Erde, dass sie dich trägt und nährt. Ohne ihre Energien könntest du in deinem menschlichen Körper auf der Erde nicht existieren.

Nun bedanke dich bei den Erzengeln (deinen Schutzengeln und bei jenem Engel / jenen Engeln), deren Energien du soeben aufgenommen hast. Du weißt, dass du sie jederzeit in dein Leben rufen kannst.

Kehre jetzt in dein Tagesbewusstsein zurück, recke und strecke dich und öffne langsam deine Augen.

(Für all jene, die sich noch nicht ganz geerdet fühlen, ein Tipp: Sprühen Sie sich kräftig mit der Engel-Aura-Essenz „Uriel" ein! Vor allem die Fußsohlen!)

Häufige Fragen aus der Praxis

Ich würde gerne eine Engelessenz mit anderen Essenzen mischen. Ist das überhaupt sinnvoll? Erfahrungsgemäß nicht. Zum einen sollten Sie sich entweder für „grobstofflichere" Essenzen, wie manche Blütenessenzen es sind, oder für hochschwingende Engelessenzen entscheiden. Wenn Sie beides zusammen mischen, kann sich die Energie der grobstofflicheren Essenzen durch die feinstofflicheren aufheben. Zum anderen sollten Sie die Engelessenzen nur einzeln oder maximal in Kombination mit einer zweiten anwenden, weil der (feinstoffliche) Körper in den meisten Fällen mit mehr überfordert ist.

Aber was mache ich dann, wenn ich bereits zwei Engelessenzen verwende und noch eine Engel-Aura-Essenz dazuverwenden möchte? Das ist kein Problem. Engel-Aura-Essenzen können Sie beliebig untereinander kombinieren bzw. mehrere hintereinander an einem Tag verwenden. So zum Beispiel die „Energetische Abgrenzung" am Morgen und die „Energetische Reinigung" am Abend. Achten Sie aber insgesamt darauf, dass Sie nicht zu viel auf einmal verwenden.

Das heißt also auch, dass man die Engelessenzen mit Blüten-Essenzen, Aura Soma etc. eher nicht kombinieren sollte? Wenn Sie exakt austesten, was und wieviel Sie benötigen, kann nichts passieren. Kombinationen dieser Art sollten aber eher die Ausnahme bleiben. Vergessen Sie nicht, dass diese „feinstofflichen Hilfsmittel" sehr viel Energien in sich tragen – die man ihnen ja gar nicht ansieht – und ein Energiepaket verträgt nicht jedermann. Dann kann es zu heftigen Reaktionen kommen, und das muss ja nicht sein.

Empfehlen Sie Engelessenzen auch für Kinder? Sie haben ja gar keine Kinder-Essenzen in Ihrem Programm? Das hat auch seinen guten Grund: Kinder sollte man niemals zu früh an Alkoholgeschmack gewöhnen. Deshalb gibt es für Kinder „nur" Engel-Aura-Essenzen bzw. Engel-Kombi-Öle, die äußerlich angewendet werden. Oder man arbeitet mit den Engelsymbolen. Sollten Sie dennoch eine

Engel-Essenz für Kinder verwenden wollen, geben Sie ein paar Tropfen auf einen halben Liter bis Liter Wasser und lassen Sie diesen über den Tag verteilt trinken. Oder mischen Sie ein paar Essenztropfen in ein hochwertiges Massageöl.

Ich habe ein paar geöffnete Fläschchen. Wie lange sind diese Essenzen haltbar? Das ist eine gute Frage. Energetisch sind sie natürlich unbegrenzt haltbar, denn die Essenzen werden von der Engelwelt versiegelt und verlieren nichts an Wirksamkeit. Als Alkohol-Wasser-Gemisch halten sie in den violetten Glasfläschchen einige Jahre lang – so der Erzeuger der Glasfläschchen. Sie sollten an geöffneten Fläschchen jedoch vor jeder Anwendung sicherheitshalber riechen, und wenn sie Ihnen nicht mehr appetitlich scheinen, verwenden Sie die Reste einfach beim nächsten Blumengießen.

Es gibt Symbole, Essenzen, Aura-Essenz, Öle ... Was nehme ich wann? In der Wirksamkeit der Produkte gibt es keine Unterschiede. Manche Menschen bevorzugen Essenzen, die sie einnehmen, andere wiederum tragen lieber Symbole am Körper, wiederum andere bevorzugen es, sich mit den Engelsölen einzuölen. Ich denke, das Gefühl sollte in erster Linie entscheiden, Sie können Ihre optimalste Anwendungsform allerdings auch austesten.

Kann es sein, dass außer Engelenergien auch andere Energien in den Engelprodukten enthalten sind? Das ist völlig ausgeschlossen, da sie von der Engelwelt bereits bei der Herstellung energetisch gereinigt, mit Engelenergien aufgeladen und energetisch versiegelt werden. (Wer Ihnen etwas anderes erzählt, der erzählt Ihnen ein Märchen!) Selbst Symbole oder Engel-Essenzen, die von mehreren Menschen verwendet werden, nehmen die belastenden Energien nicht an. Dafür sorgt die Engelwelt.

Meine Kinder wollen ihre Fläschchen immer selber auswählen. Greifen sie auch nach den richtigen? Davon können Sie auf jeden Fall ausgehen. Kinder sind viel intuitiver als wir Erwachsene und wissen ganz genau, was sie brauchen. Versuchen Sie es doch einmal umgekehrt: Lassen Sie Ihr Kind ein Fläschchen für sich auswählen – Sie werden sich wundern, was dabei herauskommt!

Wie kann ich die Aura-Essenz „Kinder-Beruhigung" einsetzen? Sie können die Essenz, die wunderbare ätherische Öle enthält und sehr angenehm duftet, im

Kinderzimmer sprühen, etwa über dem Bett. Oder über dem Schreibtisch, falls es sich um ein Schulkind handelt. Manche Lehrer berichteten mir, dass sie die Aura-Essenz in Klassenzimmern verwendet haben, mit optimalem Erfolg. Die Kinder wurden ruhiger und ausgeglichener. So manches Kind besteht bereits darauf, dass es morgens und abends „den guten Duft" selber in seine Aura sprühen darf.

Ich habe das „Warzenöl" und die „Warzenessenz" verwendet, aber getan hat sich nichts. Dann haben Sie das Falsche gewählt. Ich möchte nochmals darauf hinweisen, dass man die körperliche Zuordnung der Symbole, Essenzen und Öle nur als ANHALTSPUNKT betrachten darf. Möglicherweise erreichten Sie mit diesem Öl und dieser Essenz nicht die INDIVIDUELLE Ursache Ihrer Warzen. Man sollte nie über die körperliche Zuordnung der Symbole, Essenzen und Öle auswählen. Ich weiß von einer Freundin, deren seelisches Hintergrundthema ihrer Warzen tiefer Groll war. Und der war sogar karmischer Natur. Deshalb benötigte sie für ihre Warzen etwas ganz anderes.

Meine Schwiegermutter zweifelt die Wirkung der Engelessenzen an. Dabei bräuchte sie so dringend Unterstützung. Lassen Sie Ihre Schwiegermutter in Ruhe. Die Essenzen würden ihr ohnehin nichts nützen.

Meine Schwester liegt im Krankenhaus und möchte ihre Engelessenzen auch weiterhin anwenden. Allerdings darf sie außer den vorgeschriebenen Medikamenten nichts einnehmen. Haben Sie einen Tipp? Geben Sie ihr ein paar Tropfen auf Fußsohle, Handgelenk, Nabel oder Thymusdrüse. So wirken sie genauso, und kein Arzt wird etwas dagegen haben.

Wirken die Engelessenzen überhaupt in Kombination mit Medikamenten? Auf alle Fälle, denn sie wirken in erster Linie auf der feinstofflichen Ebene. Es gibt sogar Essenzen – wie zum Beispiel die Engel-Kombi-Essenz No. 4 | Aniel –, die dem Körper helfen, die angesammelten Giftstoffe aus dem Körper und aus der Aura zu entsorgen. Oder die Essenz No. 32 | Sorihael, die nach Narkosen besonders gute Wirkung gezeigt hat.

Selbst leere Fläschchen sind noch so schön, dass ich sie am liebsten gar nicht entsorgen möchte. Kann ich sie zum Wiederauffüllen zurückgeben? Das ist leider nicht möglich, da ich die Flaschen nicht so gründlich von den Resten reinigen kann, dass man sie unbedenklich wieder an andere Menschen weitergeben kann. Die leeren Fläschchen der Aura-Essenzen können Sie mit Wasser aufgießen und zum Besprühen Ihrer Zimmerpflanzen verwenden. Sie werden es Ihnen danken! Und die anderen Fläschchen: Machen Sie doch ein kleines Ritual. Bedanken Sie sich bei den Engeln, bevor Sie die Fläschchen in den Altglascontainer werfen. Die restliche Engelenergie wird selbst beim Einschmelzen nicht vernichtet und tut vielleicht noch anderswo ihre gute Wirkung.

Kann ich leere Essenz-Fläschchen mit Wasser auffüllen und die Engel um Energetisierung bitten? Können schon! Aber das ergibt dann eine völlig andere Energie. Niemals die gleiche Energie wie das Original. Sie werden auch in anderen Bereichen bereits festgestellt haben, dass Nachahmungen nicht an das Original herankommen.

Aber ich könnte ein Fläschchen mit Alkohol und Wasser oder Globuli auf die Symbole legen und sie damit energetisieren? Natürlich können Sie das! Aber das ist eine Notlösung. Zwar ist die Wirkung, die Sie dabei erzielen werden, eine sehr gute. Sie sollten jedoch beachten, dass die Engelessenzen eine weit höhere Schwingung als mit Symbolen aufgeladenes Wasser oder Globuli haben, da sie anders hergestellt werden.

Ich habe festgestellt, dass in unterschiedlichen Geschäften die Energie der Essenzen stärker bzw. schwächer ist. Hängt das mit der Schwingung des Geschäfts zusammen, in dem die Essenzen angeboten werden? Das muss ein Irrtum Ihrerseits sein, das ist niemals möglich! Alle Essenzen werden auf Reinheit, Energie und Versiegelung geprüft, bevor sie mein Haus verlassen. Die Essenzen und Öle können nichts an Energie verlieren, da sie energetisch ständig nachgeladen werden. Egal, bei wem sie stehen.

Ich bin schwanger und möchte trotzdem mit den Engel-Essenzen weiterarbeiten. Kann mir das irgendwie schaden?
Auf gar keinen Fall. Im Gegenteil! Ungeborene Kinder lieben die Engelenergien, da sie den Engeln ja noch besonders nahe sind. Ich weiß von meiner Freundin, dass ihr ungeborenes Baby immer mit sehr starkem Entzücken reagierte, sobald sie ein Engelsymbol auf ihren Bauch legte. Das Baby bewegte sich jedes Mal dorthin, wo das Symbol aufgelegt war. Und die Essenzen enthalten bekanntlich dieselben Energien wie die Symbole.

Wie können Sie nur so unverschämt sein, für Engelsymbole und Engelessenzen Geld zu verlangen? (Ja, auch damit werde ich konfrontiert!) *Engelsenergien sollten doch jedem Menschen kostenlos zur Verfügung stehen!* Das tun sie auch! Denn müsste man Engelsenergien tatsächlich in Rechnung stellen, dann würden diese ein Tausendfaches von dem betragen, was Engelsymbole und Engelessenzen im Handel kosten, weil Engelsenergien eigentlich unbezahlbar sind.

Denken Sie mal an einen wunderschönen Rosenquarz. Warum glauben Sie, enthält er Heilschwingungen? Ganz einfach: weil er von der Engelwelt energetisiert wurde! Sind Sie schon einmal in ein Geschäft gegangen und haben verlangt, dass Ihnen ein Stein gratis ausgehändigt wird, weil Engelsenergien für alle Menschen kostenlos sein sollten?

Das, was Sie für ein Engelsymbol oder eine Engelessenz bezahlen, ist lediglich ein Energieaustausch für meine Arbeitszeit, für das Material, die Arbeitszeit anderer, die Zwischenspanne für den Wiederverkäufer, Transport- und Verpackungskosten, Zahlungen an Druckerei, Grafiker, Fotografen, Finanzamt, etc. Menschen, die alles möglichst billig oder gar umsonst haben wollen, sollten einmal ernsthaft über ihre Lebenseinstellung nachdenken. Sie versuchen meist, den bequemsten Weg zu gehen. Oder haben massive Probleme mit ihrem Selbstwert. *Wirklich Bedürftige* kommen gar nicht auf die Idee, andere anzuschnorren. Und denen schenkt man ohnehin von Herzen gerne. Alles klar?

Teil III

Fremdenergien, negative Elementale & Co

Die wenigsten Menschen wissen, dass es sie gibt. Und dennoch leiden viele unter ihren Auswirkungen. Die Rede ist von energetischen Belastungen. Hier die wichtigsten vier Gruppen:

1. Negative Gedankenformen / Negative Elementale
2. Fremdenergien / Verhaftete Seelen
3. Besetzungen
4. Flüche, Verwünschungen, Schwarze Magie

1. Negative Gedankenformen / Negative Elementale

Negative Gedankenformen entstehen durch negative Gedanken von Menschen, wie Neid, Hass, Zorn, Wut, etc. Diese Energien werden – wenn ihnen immer wieder Energie zugeführt wird – permanent aktiviert und sehen aus wie graue Wolken oder grau-schwarze Schleier, die in der Aura eines Menschen oder in Räumen verhaftet bleiben.

Negative Gedankenformen können durch immer wiederkehrende Kritik, abfällige Bemerkungen, Diskriminierungen, etc. oder aber auch durch Aggressivität, Überheblichkeit oder verbale Verletzungen entstehen.

In der physischen Welt gibt es verschiedene Wesen wie Menschen, Tiere und Pflanzen. In der geistigen Ebene gibt es ebenfalls viele Wesenheiten, positive wie negative. Niedrige Energiewesen sind Energieparasiten und werden **negative Elementale** genannt. Wenn ein Mensch Alkoholiker ist, zieht er Alkohol-Elementale an, dasselbe gilt für Drogenabhängige, Raucher, Spieler. All diese Elementale schwächen die Aura eines Menschen sowie dessen Umfeld.

Elementale von Rauchern*

Elementale von Drogensüchtigen*

Elementale von Alkoholikern*

Elementale von Spielern*

2. Fremdenergien / Verhaftete Seelen

Seelen von Verstorbenen gehen nach dem Tod ins Licht, das heißt, sie wechseln in eine andere Seins-Ebene.

Außer

> sie wissen nicht, dass sie keinen physischen Körper mehr haben (Schock nach Unfalltod oder gewaltsamem Tod);
> sie werden festgehalten von Angehörigen, die mit dem Verlust dieser Menschen nicht fertig werden und sich immer wieder wünschen, dass sie noch lebten;
> sie haben – oder glauben es zumindest – noch etwas zu erledigen;
> sie haben Angst vor dem Licht und vor der geistigen Ebene, in die sie nach dem Tod hinüberwechseln;

*Abbildungen aus: Choa, Kok Sui, Energetischer Selbstschutz, Ludwig-Verlag, München 2001, S. 153. Mit freundlicher Genehmigung des Autors.

- sie suchen Hilfe bei einem Menschen;
- sie fühlen sich bei einem Menschen besonders wohl und wollen nicht gehen.

Es gibt Menschen, die immer wieder mit Fremdenergien und verhafteten Seelen konfrontiert werden. Ich kenne sogar einen kleinen Jungen, der massenhaft Seelen von Verstorbenen anzieht. Das Kind spürt selbst, dass etwas „nicht stimmt", fühlt sich unwohl, schwitzt, wird leicht müde. Dies alles sind Symptome, die auf verhaftete Seelen hindeuten können.

Menschen, die ständig verhaftete Seelen anziehen

- sind als „Clearing-Medium" geboren, ohne es zu wissen (Literaturempfehlung „Heimkehr ins Licht" von Rhea Powers, Ch. Falk Verlag);
- sind Menschen, die mit Heilungsenergien arbeiten und deshalb von Verstorbenen oft als Zufluchtsort betrachtet werden;
- stehen in Resonanz mit den Problemen, die der Verstorbene in seinem Leben hatte;
- sind vielfach Therapeuten, deren Klienten verhaftete Seelen mitbringen.

Mein Engel Ekonja erklärte mir, dass verhaftete Seelen immer wieder nachkommen können, wenn sie spüren, dass sie von einem bestimmten Menschen Hilfe erhalten. Das Wichtigste neben der energetischen Hilfestellung ist es, ihnen viel Liebe zu schicken.

3. Besetzungen

Besetzungen unterscheiden sich von verhafteten Seelen darin, dass sie zum überwiegenden Teil oder sogar vollständig vom Körper eines Menschen Besitz ergreifen.

Dr. med. Klinghardt schreibt in seinem Buch „Handbuch der Psycho-Kinesiologie"*: „ ... Das Charakteristische einer Besetzung ist, dass ein Teil des Nervensystems des Patienten übernommen wird von dem Geist einer anderen Person oder einer Gruppe von Personen, und dass dies ohne Einverständnis des Patienten geschieht."

Symptome energetischer Belastungen können sein:

> chronische Erschöpfung ohne „medizinische Ursachen"
> plötzliche Veränderung des körperlichen oder psychologischen Gesundheitszustandes
> inneres „Stimmen-Hören", das negativ oder belastend empfunden wird
> ungewöhnliches Verhalten, das von Klienten selbst nicht verstanden wird
> so genannte Persönlichkeitsspaltung, Schizophrenie, manische Depression, Psychopathie

All diese Symptome treten gehäuft in psychiatrischen Kliniken auf und sollten eigentlich auf der energetischen Ebene immer mitbehandelt werden!!! Dann gäbe es sicherlich bessere Erfolge im Heilungsverlauf.

4. Verwünschungen, Flüche und Schwarze Magie

Verwünschungen und Flüche enthalten sehr starke negative Energien und sind zielgerichtete Angriffe. Sie können von einem gewöhnlichen Menschen oder von einem Schwarzmagier abgeschickt werden. Wobei wir schon beim Begriff Schwarze Magie wären: Dort, wo Licht ist, ist auch Schatten, Gut und Böse liegen eng nebeneinander. Ebenso die Weiße und die Schwarze Magie. Jemand, der energetisch arbeitet, in Liebe und Verantwortung, weder jemanden manipuliert noch seine Möglichkeiten und Kräfte negativ benützt, arbeitet im Bereich der Weißen Magie. Machtstreben,

*Klinghardt, Dr. med. Dietrich, Lehrbuch der Psycho-Kinesiologie, Freiburg 2001

Rachegefühle, Konkurrenzkampf verleiten jedoch manche Menschen dazu, in den Bereich der Schwarzen Magie abzurutschen.

Es gibt auch ausgebildete Schwarzmagier oder Hexer. Diese kommen in erster Linie in Afrika, Südamerika und auf den Philippinen vor. Diese Schwarzmagier können einem Menschen aus der Entfernung eine Krankheit schicken oder ihn sogar verletzen. Aber keine Angst! Wenn Sie ständig von Engeln umgeben sind, prallen diese Schwarze Magie, Verwünschungen und Flüche an Ihrer Aura ab. Menschen, die sich von Schwarzmagiern bedroht fühlen, sollten regelmäßig die Aura-Essenz „Energetische Abgrenzung" und „Erzengel Michael" verwenden.

Denken Sie stets daran: der wichtigste Schutz gegen negative Angriffe ist die Abwesenheit von Angst!

Schutz und Reinigung von energetischen Belastungen

Es gibt viele Möglichkeiten, Personen, Gegenstände, Räume und Plätze vor energetischen Belastungen zu schützen und sie zu reinigen. Und zwar durch Gebete, Räucherwerk, mentalen Schutz / mentale Reinigung oder mit Hilfe von Ritualen. Viele Bücher wurden darüber geschrieben. Eine ganz einfache, rasche und sehr effiziente Möglichkeit, sich vor energetischen Belastungen zu schützen bzw. von ihnen zu reinigen, hat uns die Engelwelt geschenkt:

Schutz:
> Engel-Kombi-Essenz No. 24 | Sorael | Fremdenergien
> Engel-Kombi-Öl No. 24 | Sorael | Fremdenergien
> Engel-Aura-Essenz „Energetische Abgrenzung"
> Engel-Essenz No. 42 „Erzengel Michael"
> Engel-Aura-Essenz „Erzengel Michael"

Bei Anwendung dieser Engelessenzen bauen die Engel einen Schutzwall um uns auf bzw. verdichten unsere Aura (siehe auch Meditation in meinem

Buch „Heilen mit Engel-Therapie-Symbolen“, Seite 48). Wenn Sie häufig belastenden Energien ausgesetzt sind, sollten Sie diese Schutzmeditation regelmäßig unter Anwendung der Engel-Aura-Essenz „Energetische Abgrenzung“ machen.

Reinigung:
> Engel-Aura-Essenz „Energetische Reinigung“
> Engel-Essenz No. 45 „Erzengel Gabriel“
> Engel-Aura-Essenz „Erzengel Gabriel“

Bei der Reinigung klären die oben angeführten Engelessenzen die Aura bzw. das Umfeld des Menschen und bauen während der Anwendung einen Lichtkanal nach oben auf, in dem Elementale, verhaftete Seelen oder Besetzungen ins Licht geführt werden. Sie helfen den Seelen, den Übergang ins Licht zu meistern, auch wenn sie Angst davor haben. Gleichzeitig reinigen sie das Umfeld des Menschen, der damit arbeitet.

Wichtig ist, dass wir keine Angst vor Besetzungen und Fremdenergien haben. Es kann uns nichts geschehen, wenn wir mit den Engeln in Verbindung sind.

Menschen, die ständig verhaftete Seelen anziehen,

> verwenden eine Zeit lang täglich mehrmals die Aura-Essenz „Energetische Reinigung“ in Kombination mit der Engel-Kombi-Essenz No. 24 | Sorael und / oder mit dem Engel-Kombi-Öl No. 24 | Sorael.

Hartnäckige Fremdenergien

> lösen sich in den allermeisten Fällen, wenn man die Aura-Essenzen „Energetische Reinigung“ und „Erzengel Gabriel“ gleichzeitig über einen längeren Zeitraum verwendet!

Auswahlverfahren

1. Einspeichern und Abfragen

Sie können Ihren Mentalkörper wie eine Festplatte oder eine Computer-Diskette verwenden, um Daten, Informationen und Schwingungen abzuspeichern und zu einem späteren Zeitpunkt wieder abzufragen.

Für das Einspeichern und Abfragen der Engelessenzen und Engelöle sollten Sie sich an einen ruhigen Ort zurückziehen, an dem Sie nicht gestört werden. Nehmen Sie dieses Buch zur Hand und schlagen Sie es bei der Engel-Essenz No. 1 | Engel für Glaube und Vertrauen, auf. Dann lesen Sie den Text Seite für Seite aufmerksam durch und sprechen dabei halblaut mit. Wichtig ist, dass Sie die Überschrift samt Nummerierung konzentriert sprechen. Es ist nicht wichtig, ob Sie alles auf einmal durchlesen oder in Etappen. Sie können an einer beliebigen Stelle ein Lesezeichen einlegen und zu einem späteren Zeitpunkt weiterlesen. Wichtig ist, dass Sie dabei sehr konzentriert arbeiten.

Abspeichern:

- an einen ruhigen, ungestörten Ort zurückziehen
- bei Essenz No. 1 beginnen konzentriert zu lesen
- halblaut mitsprechen
- mit den Gedanken nicht abschweifen

Es reicht, ein einziges Mal die Beschreibungen der Essenzen, Öle und Aura-Essenzen in Ihre mentale Datenbank abzuspeichern. Ab diesem Zeitpunkt können Sie mit Hilfe der Pendeltafeln, oder mit dem Pendel, Biotensor oder Muskeltest die richtige Auswahl treffen. Danach macht es wieder Sinn, im Buch nachzulesen, was Ihnen die jeweilige Essenz zu sagen hat. Sie testen mit dem Pendel etc. Zeile für Zeile aus, welches Hintergrundthema mit der ausgewählten Essenz in Ihrem Fall verändert wird.

Abfragen:

> mit Pendel, Biotensor oder Muskeltest die Pendeltafeln der Reihe nach durchtesten
> im Buch die entsprechende Seite aufschlagen
> aus dem Text heraustesten, welche Aussage auf Ihr Problem zutrifft

Wenn Sie jedoch die Therapeuten-Testsets zur Hand haben, brauchen Sie Ihren „mentalen Speicher“ nicht zu strapazieren. Da reicht es vollkommen aus, mit dem Pendel, Biotensor oder dem Muskeltest direkt über den einzelnen Testampullen zu testen. Eine genauere Auswahlmethode gibt es nicht! Siehe Seite 178.

2. Hilfsmittel zum Abfragen

2.1. Pendeltafeln

Wie man sich beim Pendeln richtig verhält, wie man rasch und effizient auspendelt, habe ich in meinem Buch „Heilen mit Engel-Therapie-Symbolen“ ausführlich beschrieben.

Pendeln Sie als Erstes über die Pendeltafel 1 die Produktgruppe aus (Engel-Essenz, Engel-Kombi-Essenz, etc) und gehen Sie dann Punkt für Punkt in der Reihenfolge der Pendeltafeln vor.

Kopieren Sie die Arbeitsliste von Seite 180 und tragen Sie das Ergebnis in der Liste ein. Oder laden Sie die Arbeitsliste von meiner Homepage www.engelsymbole.at.

Pendeltafel 1

Was wird benötigt?

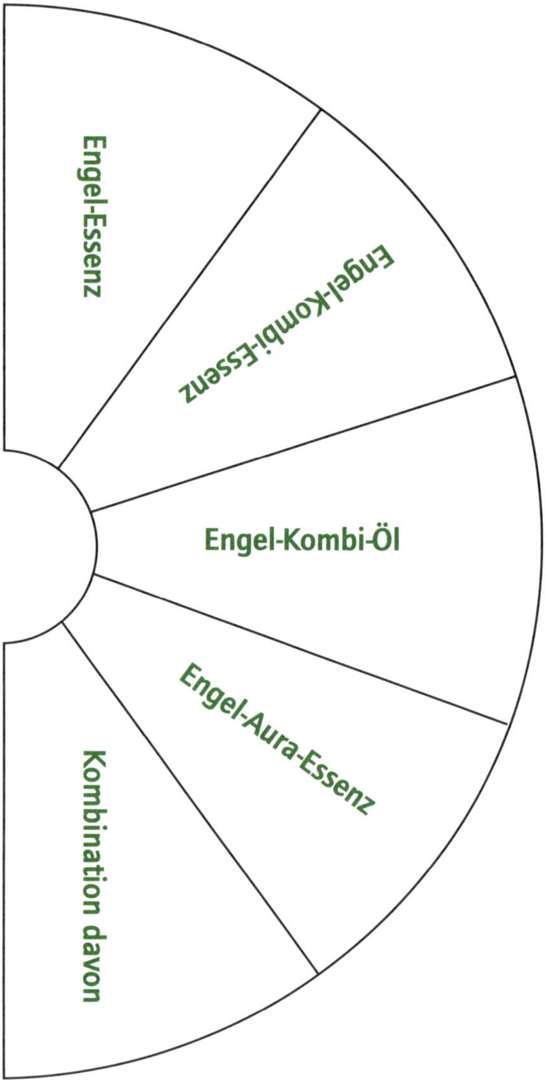

Pendeltafel Essenzen

Welche Engelessenz 1 – 49 wird benötigt?

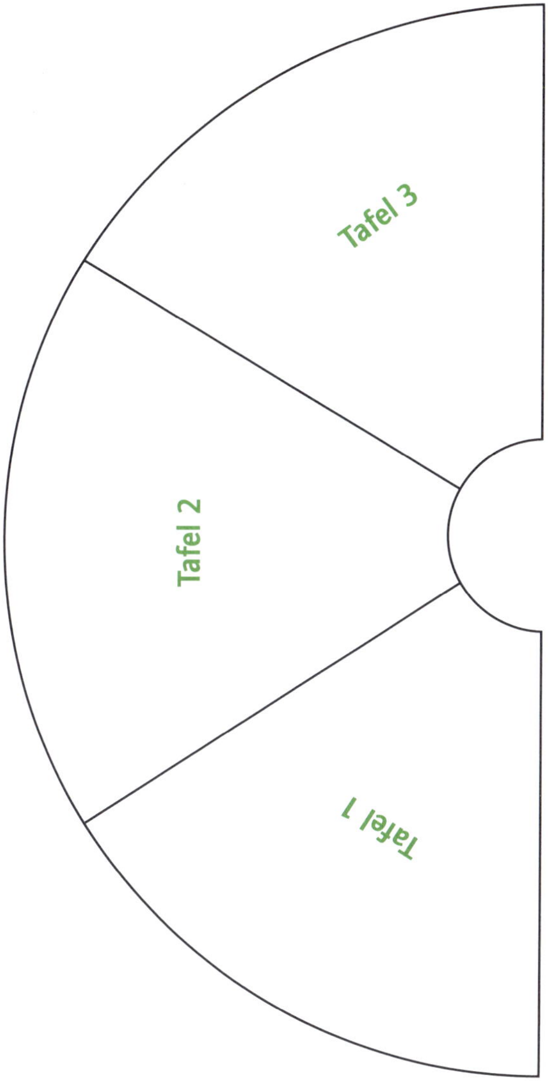

Pendeltafel Essenzen

Welche Engelessenz 1 – 49 wird benötigt?

Tafel 1

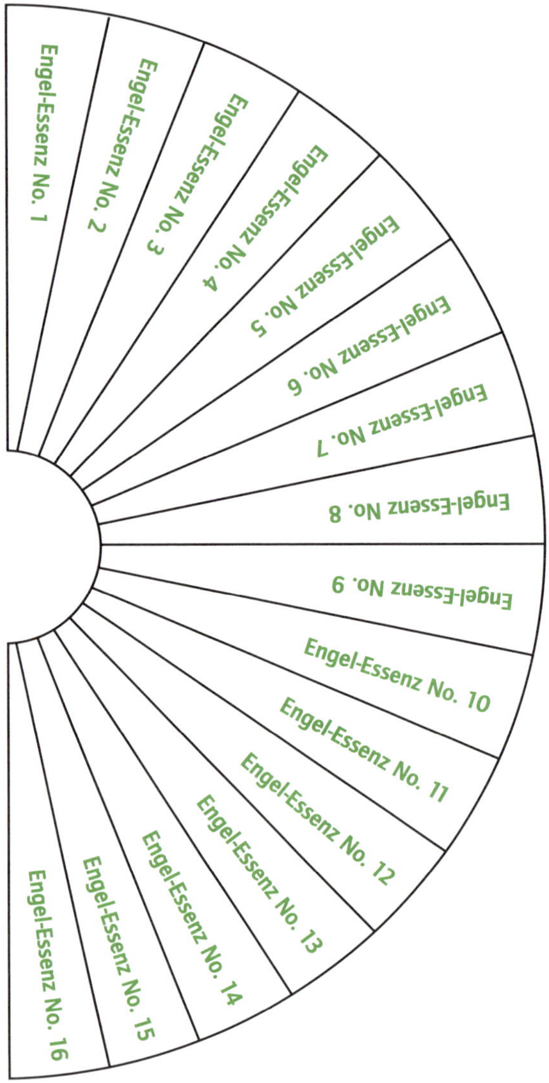

Pendeltafel Essenzen

Welche Engelessenz 1 – 49 wird benötigt?

Tafel 2

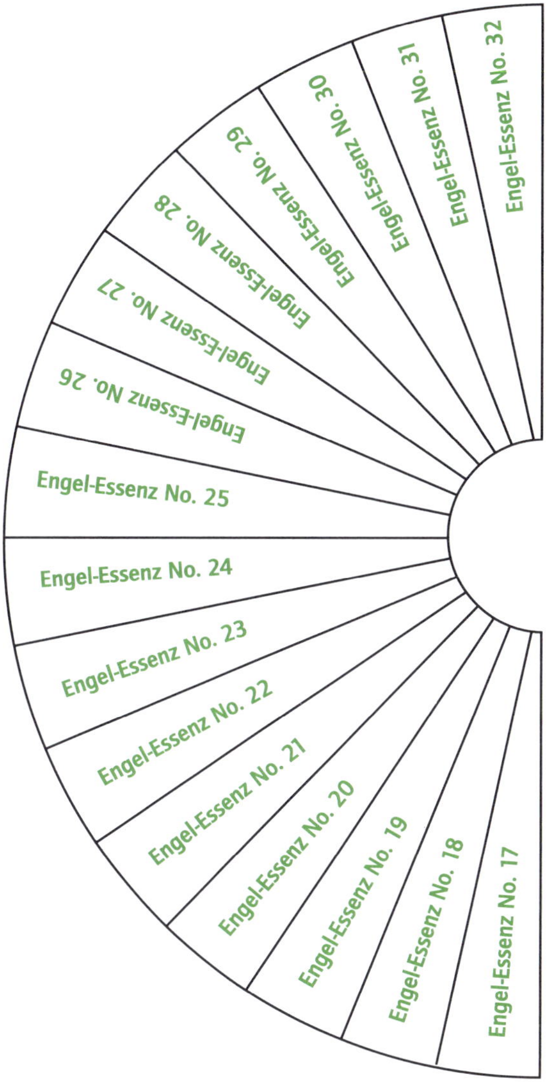

Pendeltafel Essenzen

Welche Engelessenz 1 – 49 wird benötigt?

Tafel 3

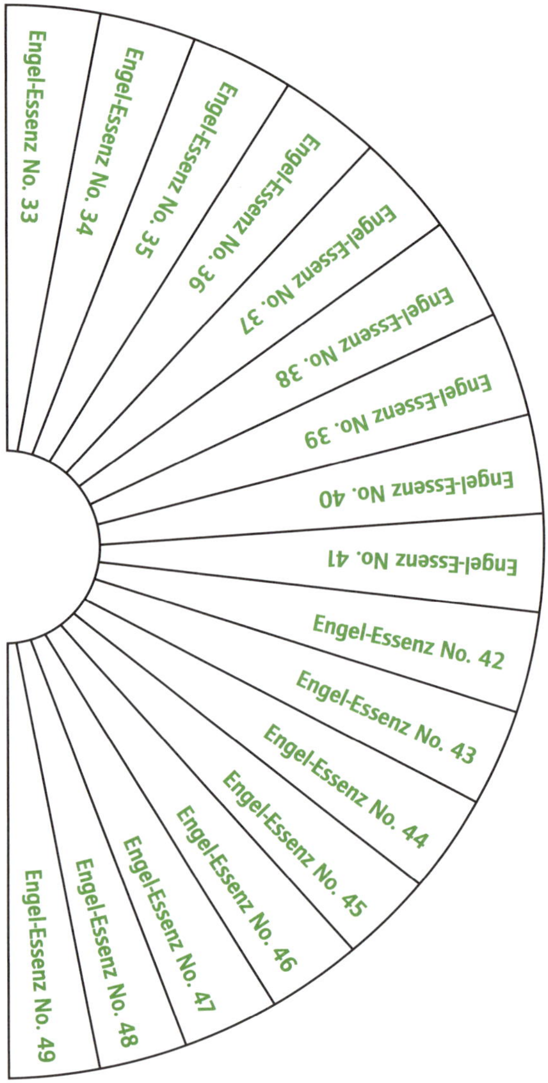

Pendeltafel 3

Welche Engel-Kombi-Essenz wird benötigt?

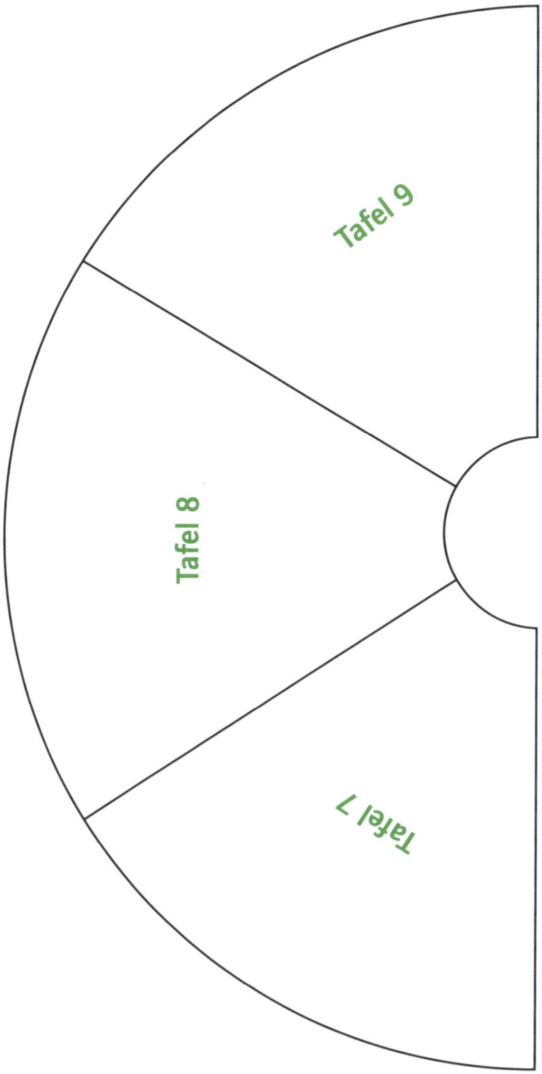

Pendeltafel Kombi Essenz

Welche Engel-Kombi-Essenz wird benötigt?

Tafel 7

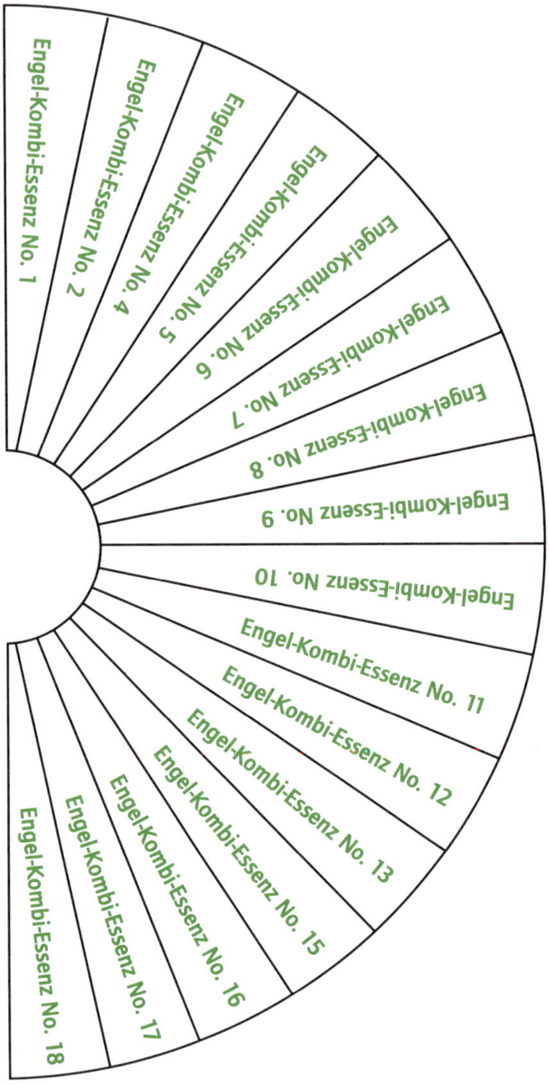

Pendeltafel Kombi Essenz

Welche Engel-Kombi-Essenz wird benötigt?

Tafel 8

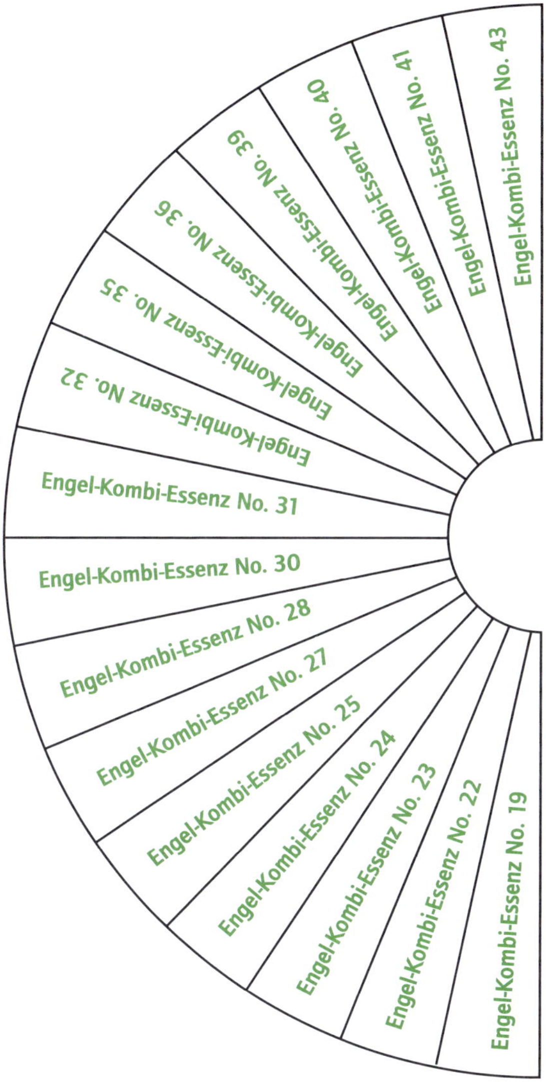

Pendeltafel Pendeltafel Kombi-Essenz

Welche Engel-Kombi-Essenz wird benötigt?

Tafel 9

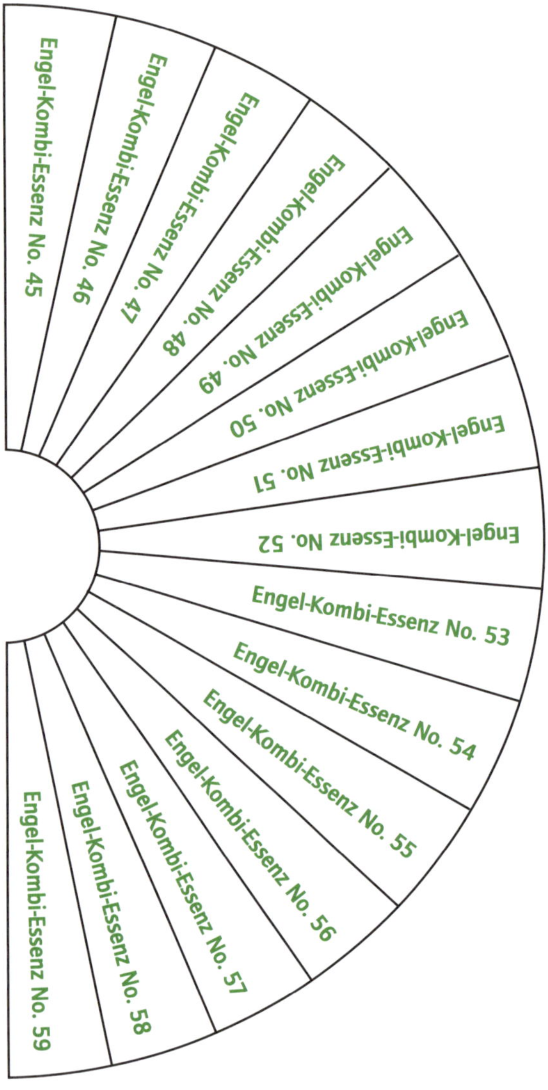

Pendeltafel 4

Welches Engel-Kombi-Öl wird benötigt?

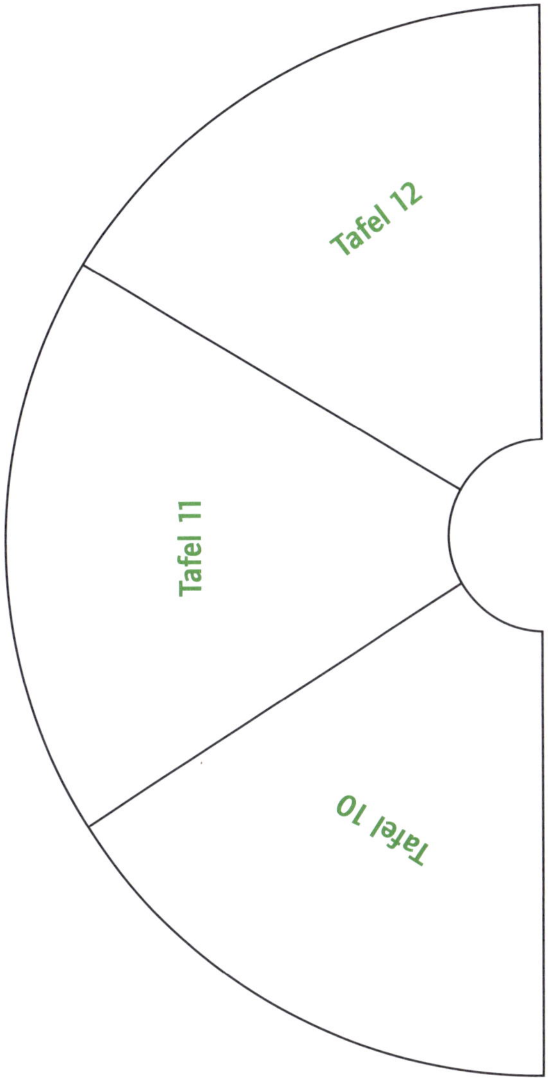

Pendeltafel

Welches Engel-Kombi-Öl wird benötigt?

Tafel 10

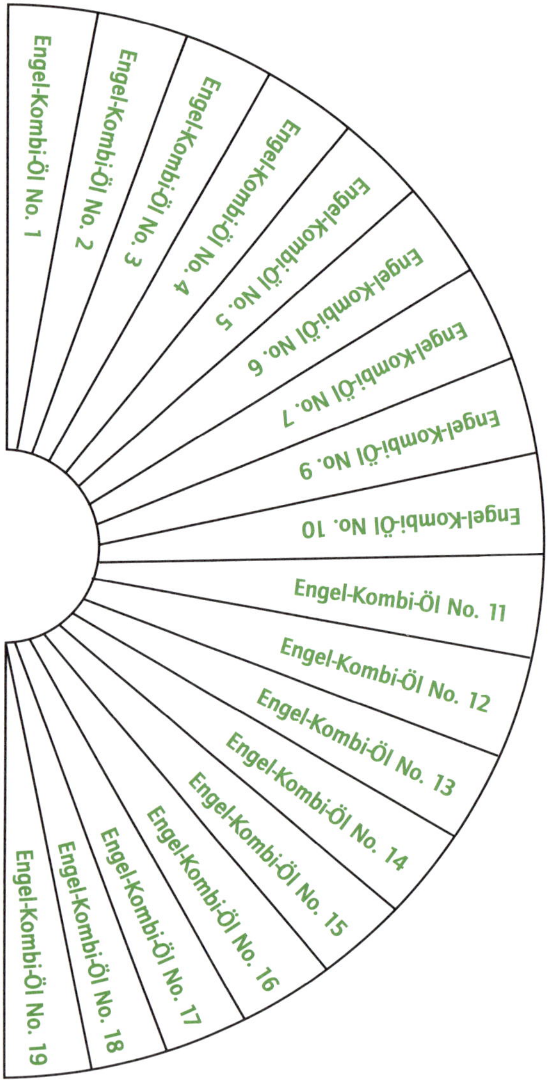

Pendeltafel

Welches Engel-Kombi-Öl wird benötigt?

Tafel 11

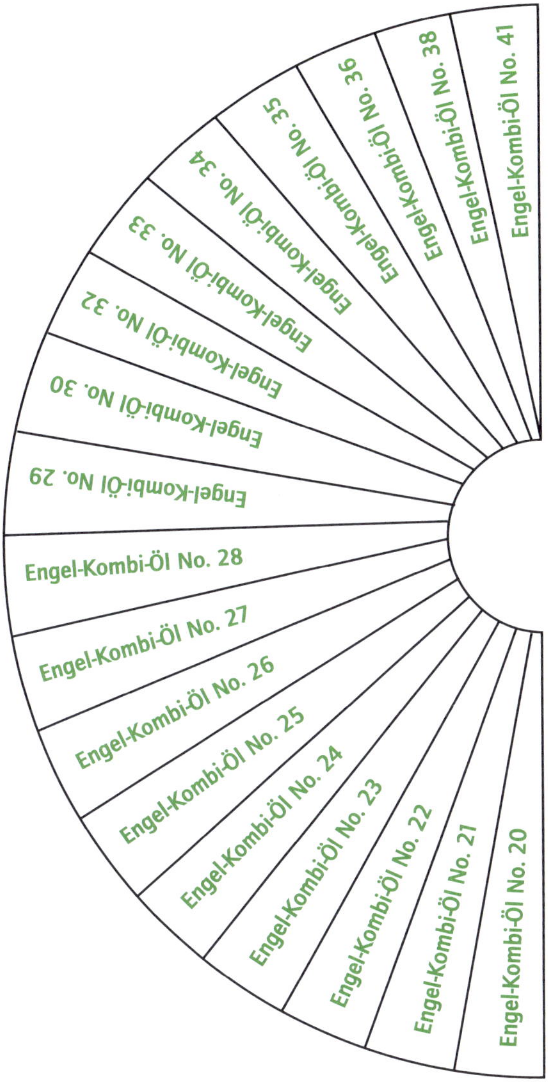

Pendeltafel

Welches Engel-Kombi-Öl wird benötigt?

Tafel 12

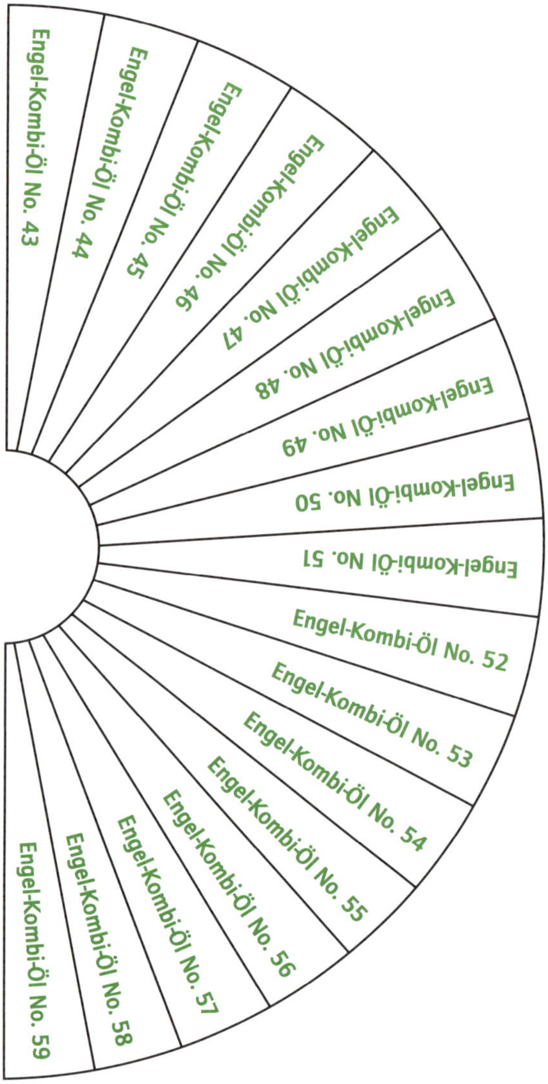

Pendeltafel

Welche Engel-Aura-Essenz wird benötigt?

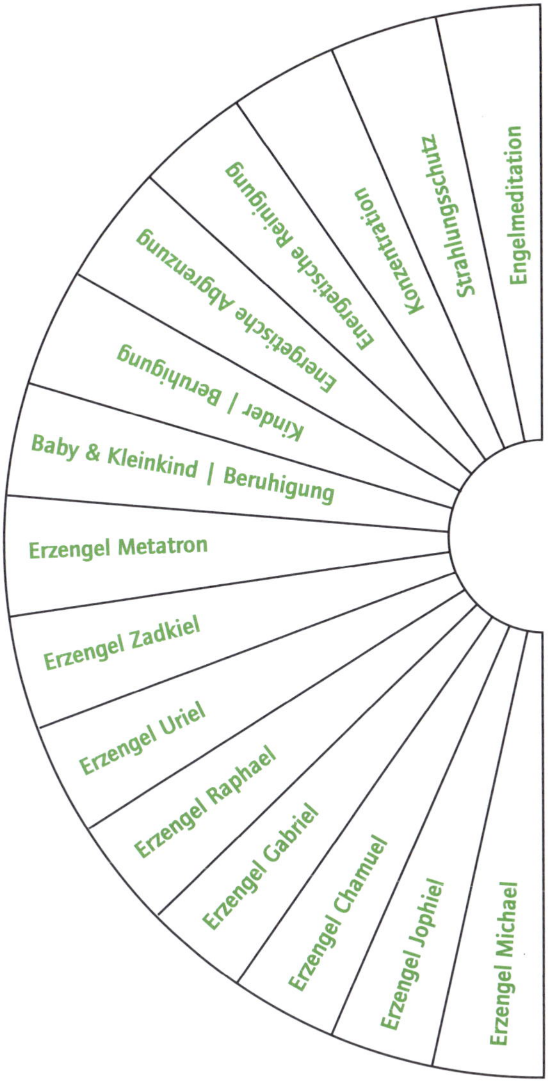

Pendeltafel

Wie wird die Engel-(Kombi-)Essenz angewendet?

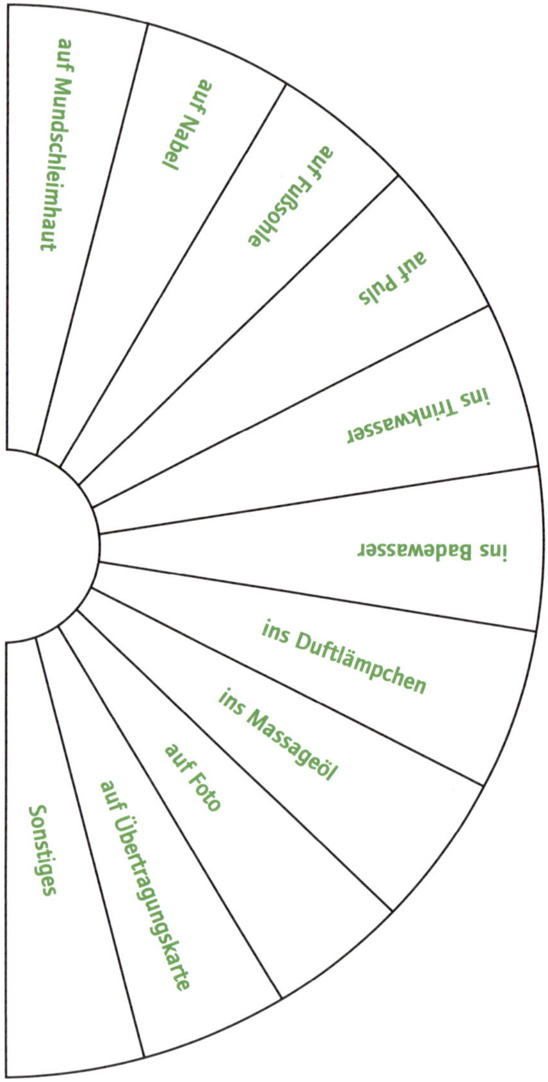

Pendeltafel

Wo / wie wird Engel-Kombi-Öl aufgetragen / angewendet?

Pendeltafel

Wo kommt die Engel-Aura-Essenz zur Anwendung?

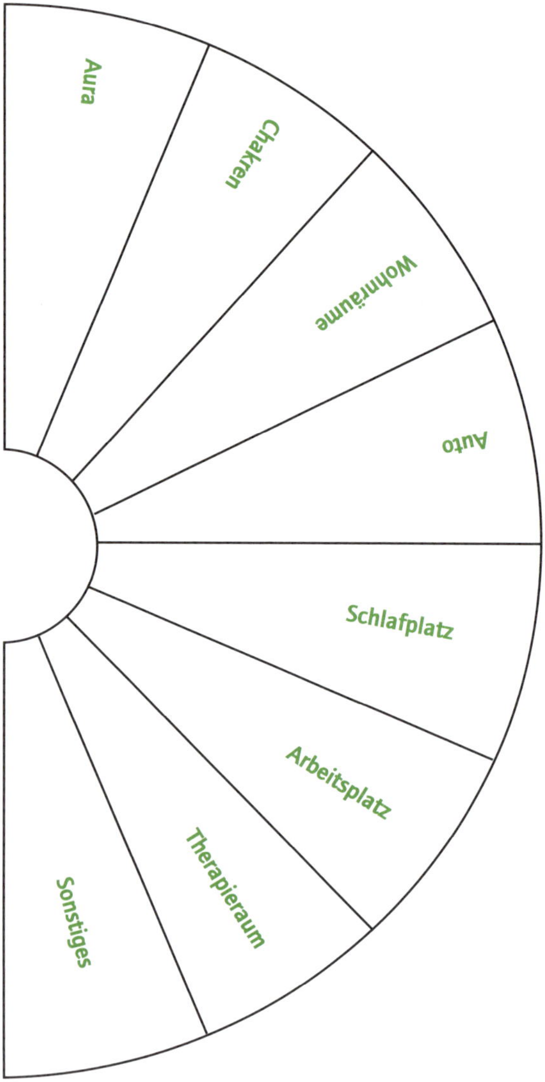

Pendeltafel

Wie ist die optimale Dosierung?

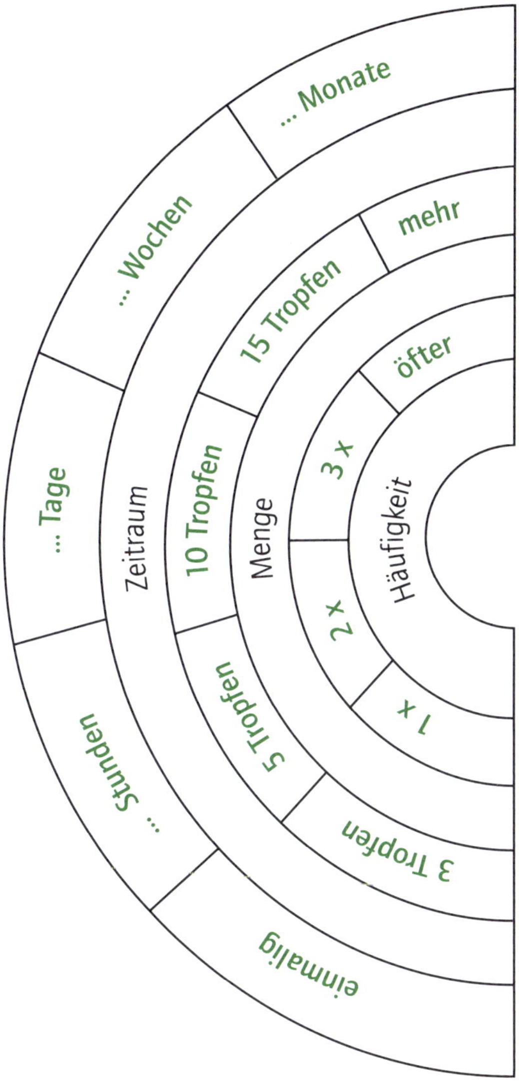

2.2. Therapeuten-Test-Sets

Auf Anregung einiger Therapeuten sind die Therapeuten-Test-Sets entstanden.

Das **Therapeuten-Testset 1** besteht aus 49 kleinen Ampullen – gefüllt mit einer Kochsalzlösung als Trägerstoff - die die Schwingung der Engelessenzen 1 – 49 enthalten.

Das **Therapeuten-Testset 2** enthält die Energie der 59 Engel-Kombi-Essenzen und Engel-Kombi-Öle (und somit auch der Engel-Aura-Essenzen).

Wie können Sie nun mit den Testampullen arbeiten?

Austesten
Sie haben die Therapeuten-Testsets vor sich liegen. Nehmen Sie nun Pendel oder Biotensor zur Hand und testen Sie direkt über den Ampullen aus, was benötigt wird. Wenn Sie für eine andere Person austesten, dann sollte diese Person im Raum anwesend sein. Profis können auch mit Hilfe eines Fotos testen. Das erfordert aber viel Praxis und Routine.

Falls Sie kinesiologisch, also mit Hilfe des Muskeltests austesten, dann halten Sie die linke Hand über die Fläschchen, mit der rechten testen Sie den Klienten. Der kinesiologische Muskeltest zeigt Ihnen genau an, welche Ampulle – und somit: welche Essenz – Ihr Klient benötigt.

In eine Therapiebehandlung einbeziehen
Falls Sie als Therapeut arbeiten, können Sie folgendermaßen mit den Testampullen arbeiten: Wählen oder testen Sie die entsprechenden Ampullen aus, und kleben Sie diese auf den Körper oder speichern Sie die Energie dieser Ampulle in den Körper ein, während Sie Ihre gewohnte Therapiesitzung fortsetzen.

1-59

Für die abgebildete, wunderschöne Schatulle bedanke ich mich bei Franz Grabner aus St. Pölten.

Arbeitsliste

Datum: ______________________

Name: ______________________

Geburtsdatum: ______________________

Problem / Blockade: ______________________

____

____

Empfohlene / ausgetestete Essenzen oder Öle:

	No.	Anwendungsart:	Anwendungshäufigkeit:	Dauer:
Engel-Essenz 1-49				
Engel-Kombi-Essenz				
Engel-Kombi-Öl				
Engel-Aura-Essenz				

Orgon-Strahler

Barbara aus Wien verwendet seit geraumer Zeit das Therapeuten-Testset für ihre Arbeit mit dem Orgon-Strahler.

Sie testet aus, welche Ampullen für ein bestimmtes Problem benötigt werden, stellt die ausgetesteten Ampullen in den Orgon-Strahler und behandelt damit nicht nur sich, sondern auch ihre Familie. Barbara berichtet:

„Ich habe bei der Arbeit mit dem Orgon-Strahler die Beobachtung gemacht, dass durch die Verwendung von Engelampullen die Einstrahlzeit wesentlich verkürzt wird. Und das ist toll!"

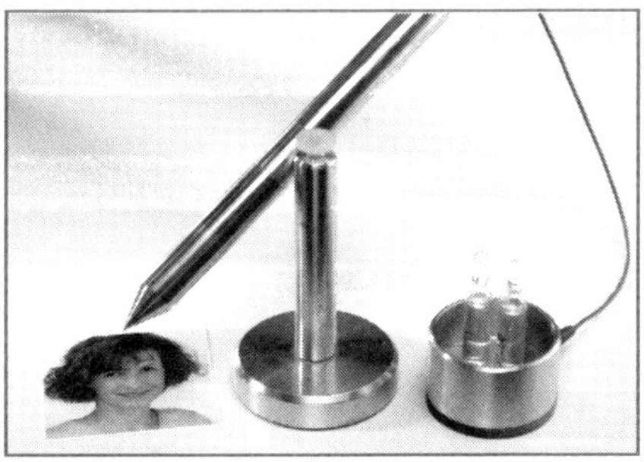

Übertragungskarte

Im Anhang zu diesem Buch finden Sie eine Übertragungskarte. Diese können Sie heraustrennen und eventuell im Copy-Shop laminieren lassen. Damit ist die Karte dauerhaft geschützt und nützt sich nicht so leicht ab.

Sie können die Übertragungskarte für Essenzen, Öle, Aura-Essenzen oder auch Ampullen (aus dem Therapeuten-Testset) verwenden. Stellen Sie in den linken Teil der Übertragungskarte (Spirale) die Fläschchen oder Ampullen, in den rechten Teil (Kreis) legen Sie ein Foto oder den Namen der Person, der Sie helfen möchten. Testen Sie aus, wie lange die Fläschchen / Ampullen auf der Übertragungskarte stehen bleiben sollen.

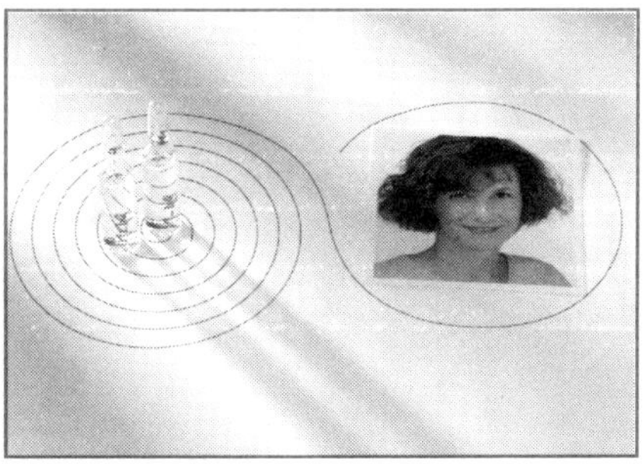

Eine Vorlage der Übertragungskarte finden Sie auf Seite 203.

Auswählen ohne zu testen

Alle, die keine Möglichkeit haben, Essenzen bzw. Öle mittels Muskeltests, Pendel oder Biotensor auszuwählen, können natürlich intuitiv arbeiten. Für die **Essenzen 1 - 49** nehmen Sie das Buch „Heilende Engelsymbole" zur Hand, denken an Ihr Problem und ziehen eine Karte.

Diese Karte ist ein Hinweis darauf, welche dieser Essenzen Sie anwenden sollten. Die Standarddosierung bei Einnahme ist 2 x 5 Tropfen täglich, über einen Mindestzeitraum von ca. drei Wochen.

Die **Engel-Aura-Essenzen** können Sie exakt nach der Beschreibung in diesem Buch auswählen.

Und für die **Engel-Kombi-Essenzen** und **Engel-Kombi-Öle** gebe ich hier eine schwerpunktmäßige Auswahlhilfe. Wenn Sie diese Aufstellung als Hilfsmittel verwenden, ohne exakt zu testen, wird Ihre „Trefferquote" bei etwa 85% liegen.

Bei mehreren Angaben zu einem Thema lesen Sie bitte unter dem jeweiligen Text nach und entscheiden dann aus dem Bauch heraus!

Notfälle:

Körperliche Notfälle aller Art	Engel-Kombi-Essenz oder Engel-Kombi-Öl No. 1 | Lariel (Körperliche Engel-Notfallstropfen)
Seelische Notfälle aller Art, Schocks	Engel-Kombi-Essenz oder Engel-Kombi-Öl No. 2 | Nanael (Seelische Engel-Notfallstropfen)
Körperliche / seelische Notfälle aller Art bei Kindern	Engel-Kombi-Öl No. 3 | Hariel (Engel-Notfallsöl für Kinder)

Körperliche / seelische Notfälle aller Art bei Babys und Kleinkindern	Engel-Kombi-Öl No. 26 | Norael (Engel-Notfallsöl für Babys und Kleinkinder)
Therapieresistenz und Blockaden im Heilungsverlauf	Engel-Kombi-Essenz oder Engel-Kombi-Öl No. 43 | Loriel
Kraft- und Mutlosigkeit in schwierigen Situationen >	Engel-Essenz No. 47 | Erzengel Uriel Engel-Aura-Essenz „Erzengel Uriel" Engel-Essenz No. 5 | Engel für Kraft und Stärke Engel-Essenz No. 40 | Göttliche Kraft
Beruhigung in schwierigen Situationen	Engel-Essenz No. 42 | Erzengel Michael Engel-Aura-Essenz „Erzengel Michael" Engel-Essenz No. 1 | Engel für Glauben und Vertrauen Engel-Kombi-Essenz No. 39 | Raniel | Entspannung

Krankenzimmer:

Krankheiten aller Art	Engel-Essenz No. 46 | Erzengel Raphael
Heilungsenergie im Krankenzimmer	Engel-Aura-Essenz „Erzengel Raphael"
Erschöpfung nach Krankheit und Operationen	Engel-Essenz No. 47 | Erzengel Uriel Engel-Aura-Essenz „Erzengel Uriel"
Schlechte Energien im Krankenzimmer Therapieresistenz, schlechter Heilungsverlauf	Engel-Aura-Essenz „Energetische Reinigung" Engel-Aura-Essenz „Erzengel Gabriel" Engel-Kombi-Essenz No. 43 | Loriel | „Die 7 Nothelfer"
Angst vor Ungewissheit im Heilungsverlauf (auch für Angehörige!)	Engel-Kombi-Essenz No. 39 | Raniel | Entspannung

Medizinische Untersuchungen:

Vor und nach Untersuchungen mittels technischer Geräte (14 Tage durchgehend verwenden)	Engel-Aura-Essenz „Strahlungsschutz"
Angst vor Untersuchungen, Diagnosen, etc.	Engel-Kombi-Essenz No. 22 | Doriel | Ängste Engel-Kombi-Öl No. 22 | Doriel | Ängste
Panik vor Untersuchungen, Diagnosen, etc.	Engel-Kombi-Essenz No. 41 | Somiel | Panik Engel-Kombi-Öl No. 41 | Somiel | Panik

Krankenhausaufenthalte:

Belastende Energien und Schwingungen im Krankenhaus (Schmerzen, Angst, Verzweiflung, Trauer, verstorbene Seelen, etc.)	Engel-Aura-Essenz „Energetische Abgrenzung"
Für Krankheiten aller Art	Engel-Essenz No. 46 | Erzengel Raphael Engel-Aura-Essenz „Erzengel Raphael"
Vor und nach Narkosen (14 Tage durchgehend verwenden)	Engel-Kombi-Essenz No. 32 | Sorihael | Narkose Engel-Kombi-Öl No. 32 | Sorihael | Narkose
Vor und nach Untersuchungen mittels technischer Geräte (14 Tage durchgehend verwenden)	Engel-Aura-Essenz „Strahlungsschutz"
Vor und nach Operationen (14 Tage durchgehend verwenden) – bei starken Schmerzen – für Krebspatienten	Engel-Kombi-Öl No. 33 | Curiel | Operation – starke Schmerzen
Körperliche Notfälle aller Art	Engel-Kombi-Essenz oder Engel-Kombi-Öl No. 1 | Lariel (Körperliche Engel-Notfallstropfen)
Seelische Notfälle aller Art	Engel-Kombi-Essenz oder Engel-Kombi-Öl No. 2 | Nanael (Seelische Engel-Notfallstropfen)
Angst vor Krankenhausaufenthalten, Untersuchungen, Diagnosen, Operationen etc.	Engel-Kombi-Essenz No. 22 | Doriel | Ängste Engel-Kombi-Öl No. 22 | Doriel | Ängste
Panik vor Krankenhausaufenthalten, Untersuchungen, Diagnosen, Operationen etc.	Engel-Kombi-Essenz No. 41 | Somiel | Panik Engel-Kombi-Öl No. 41 | Somiel | Panik
Kraft- und Mutlosigkeit in schwierigen Situationen	Engel-Essenz No. 47 | Erzengel Uriel Engel-Aura-Essenz „Erzengel Uriel" Engel-Essenz No. 5 | Engel für Kraft und Stärke Engel-Essenz No. 40 | Engel für Göttliche Kraft
Therapieresistenz, schlechter Heilungsverlauf	Engel-Kombi-Essenz No. 43 | Loriel | „Die 7 Nothelfer" Engel-Kombi-Öl No. 43 | Loriel | „Die 7 Nothelfer"
Zweifel und Unsicherheiten	Engel-Essenz No. 1 | Engel für Glauben und Vertrauen

Medikamente und Impfungen:

Ausleiten von Medikamenten- und Impfbelastungen **idealer:** Medikamente bzw. Impfstoffe vor Anwendung auf Engel-Symbol No. 04 | Engel für Reinheit und Klarheit oder Engel-Symbol No. 45 | Erzengel Gabriel legen und erst danach verwenden	Engel-Essenz No. 4 | Engel für Reinheit und Klarheit Engel-Essenz No. 45 | Erzengel Gabriel Engel-Aura-Essenz „Erzengel Gabriel"

Frauen:

Hormonprobleme, deren Ursachen seelisch-mental bedingt sind	Engel-Kombi-Essenz No. 15 | Rihael | Hormone Engel-Kombi-Öl No. 15 | Rihael | Hormone
Menstruationsprobleme, deren Ursachen seelisch-mental bedingt sind	Engel-Kombi-Essenz No. 16 | Rosael | Menstruation Engel-Kombi-Öl No. 16 | Rosael | Menstruation
Wechseljahresbeschwerden (Unterstützung auf der seelisch-mentalen Ebene)	Engel-Kombi-Essenz No. 30 | Sirael | Wechsel Engel-Kombi-Öl No. 30 | Sirael| Wechsel
Abortus oder Schwangerschaftsabbruch	Engel-Kombi-Essenz No. 35 | Aliel | Abortus Engel-Kombi-Öl No. 35 | Aliel | Abortus
Verletzung der weiblichen Sexualität	Engel-Essenz No. 11 | Engel für Geborgenheit und Sicherheit Engel-Kombi-Essenz No. 56 | Nirael | Sexualität Engel-Kombi-Öl No. 56 | Nirael | Sexualität
Mangelnde Selbstliebe	Engel-Essenz No. 2 | Engel für Liebe und Selbstliebe

Schwangerschaft und Geburt:

Unterstützt Empfängnis(bereitschaft)	Engel-Essenz No. 45 | Erzengel Gabriel Engel-Aura-Essenz „Erzengel Gabriel"
Schutz und Sicherheit während der Schwangerschaft	Engel-Aura-Essenz „Erzengel Michael" Engel-Essenz No. 1 | Engel für Glauben und Vertrauen

Vor und nach Ultraschall-Untersuchungen und sonstigen technischen Untersuchungen wie CT, Röntgen, etc.	Engel-Aura-Essenz „Strahlungsschutz"
Unterstützung in der Schwangerschaft; auch bei Schwangerschaftsbeschwerden	Engel-Kombi-Essenz No. 17 | Muriel | Schwangerschaft Engel-Kombi-Öl No. 17 | Muriel | Schwangerschaft
Vorbereitung für das Kind auf die Geburt; Wechsel von der feinstofflichen auf die materielle Ebene (ab 8. Schwangerschaftsmonat)	Engel-Aura-Essenz „Baby & Kleinkind-Notfälle"
Geburtserleichterung für Mutter und Kind auf der seelisch-feinstofflichen Ebene (unmittelbar vor und während der Geburt)	Engel-Kombi-Essenz No. 18 | Vaniel | Geburt Engel-Kombi-Öl No. 18 | Vaniel | Geburt
Unterstützung während der Geburt	Engel-Aura-Essenz „Erzengel Gabriel"
Seelisch-feinstoffliche Unterstützung im Wochenbett	Engel-Kombi-Essenz No. 19 | Mykael | Wochenbett Engel-Kombi-Öl No. 19 | Mykael | Wochenbett
Nach schwierigen und langandauernden Geburten zur Regeneration	Engel-Essenz No. 47 | Erzengel Uriel Engel-Aura-Essenz „Erzengel Uriel"
Vor und nach Kaiserschnitt oder sonstigen Operationen	Engel-Kombi-Öl No. 33 | Curiel | Operation – starke Schmerzen Engel-Kombi-Essenz No. 32 | Sorihael | Narkose Engel-Kombi-Öl No. 32 | Sorihael | Narkose

Neugeborene:

Abschied von der geistigen Welt	Engel-Aura-Essenz „Erzengel Michael"
Verarbeitung der Geburt	Engel-Kombi-Öl No. 18 | Vaniel | Geburt Engel-Kombi-Öl No. 20 | Rakael | Neugeborene
Verarbeitung einer schwierigen Geburt	Engel-Kombi-Öl No. 26 | Baby- & Kleinkinder-Notfallsöl Engel-Aura-Essenz „Baby & Kleinkind | Beruhigung"
Eingewöhnung der Seele im (grobstofflichen) Körper	Engel-Kombi-Öl No. 26 | Baby- & Kleinkinder-Notfallsöl Engel-Aura-Essenz „Baby & Kleinkind | Beruhigung"

Die ersten Lebenswochen	Engel-Kombi-Öl No. 20 | Rakael | Neugeborene Engel-Aura-Essenz „Baby & Kleinkind | Beruhigung" Engel-Aura-Essenz „Erzengel Chamuel"
Babykoliken	Engel-Kombi-Öl No. 21 | Yerathel | Neugeborenen-Koliken Engel-Kombi-Essenz No. 10 Nithael |Unverträglichkeiten (Mutter anwenden) Engel-Kombi-Öl No. 10 Nithael |Unverträglichkeiten (Mutter anwenden)
Ängste	Engel-Aura-Essenz „Baby & Kleinkind | Beruhigung" Engel-Aura-Essenz „Energetische Reinigung"

Babys und Kleinkinder:

Beruhigung	Engel-Aura-Essenz „Baby & Kleinkind Beruhigung" Engel-Aura-Essenz „Erzengel Michael"
Babymassagen: - in den ersten Lebenswochen	 Engel-Kombi-Öl No. 20 | Rakael | Neugeborene
- bis zum ersten Geburtstag	Engel-Kombi-Öl No. 26 Norael | Baby- & Kleinkinder-Notfallsöl
Fremdenergien sehen oder spüren	Engel-Aura-Essenz „Energetische Reinigung"
Schreibabys	Engel-Kombi-Öl No. 26 Norael | Baby- & Kleinkinder-Notfallsöl Engel-Aura-Essenz „Erzengel Chamuel"
Cranio Sacral Therapie	Engel-Kombi-Öl No. 26 Norael | Baby- & Kleinkinder-Notfallsöl Engel-Aura-Essenz „Erzengel Gabriel"

Kindergartenkinder:

Kindermassage	Engel-Kombi-Öl No. 3 | Hariel | (Engel-Notfallsöl für Kinder)
Schreck- oder Angstsituationen	Engel-Aura-Essenz „Erzengel Michael" Engel-Kombi-Öl No. 3 | Hariel | (Engel-Notfallsöl für Kinder)
Ankunft eines Geschwisterchens	Engel-Kombi-Öl No. 3 | Hariel | (Engel-Notfallsöl für Kinder) Engel-Aura-Essenz „Erzengel Chamuel"

Fremdenergien sehen oder spüren	Engel-Aura-Essenz „Erzengel Gabriel" Engel-Aura-Essenz „Energetische Reinigung"
Eingewöhnung im Kindergarten	Engel-Kombi-Öl No. 3 | Hariel | (Engel-Notfallsöl für Kinder) Engel-Aura-Essenz „Erzengel Chamuel"
Kindermassagen	Engel-Kombi-Öl No. 3 | Hariel | (Engel-Notfallsöl für Kinder)
Schreck- oder Angstsituationen	Engel-Aura-Essenz „Erzengel Michael" Engel-Kombi-Öl No. 3 | Hariel | (Engel-Notfallsöl für Kinder)
Eingewöhnung in der Schule	Engel-Kombi-Öl No. 3 | Hariel | (Engel-Notfallsöl für Kinder) Engel-Aura-Essenz „Erzengel Chamuel"
Schulängste	Engel-Kombi-Öl No. 22 | Doriel | Ängste Engel-Aura-Essenz „Erzengel Jophiel" Engel-Aura-Essenz „Erzengel Michael"
Fremdenergien sehen oder spüren	Engel-Aura-Essenz „Erzengel Gabriel" Engel-Aura-Essenz „Energetische Reinigung"
Ankunft eines Geschwisterchens	Engel-Kombi-Öl No. 3 | Hariel | (Engel-Notfallsöl für Kinder) Engel-Aura-Essenz „Erzengel Chamuel"
Burn-out	Engel-Aura-Essenz „Erzengel Uriel" Engel-Kombi-Öl No. 43 | „Die 7 Nothelfer"
Konzentration	Engel-Aura-Essenz „Konzentration" Engel-Kombi-Öl No. 44 | Konzentration
Pubertät	Engel-Kombi-Essenz No. 57 | Uthael | Pubertät Engel-Kombi-Öl No. 57 | Uthael | Pubertät
Beruhigung	Engel-Aura-Essenz „Erzengel Michael" Engel-Kombi-Essenz No. 39 | Raniel | Entspannung
Prüfungsängste	Engel-Kombi-Essenz No. 22 | Doriel | Ängste Engel-Kombi-Öl No. 22 | Doriel | Ängste Engel-Aura-Essenz „Erzengel Michael"

Panik	Engel-Kombi-Essenz No. 41 | Somiel | Panikattacken Engel-Kombi-Öl No. 41 | Somiel | Panikattacken
Konzentration	Engel-Aura-Essenz „Konzentration" Engel-Kombi-Öl No. 44 | Konzentration
Burn-out	Engel-Aura-Essenz „Erzengel Uriel" Engel-Essenz No. 47 „Erzengel Uriel" Kombi-Essenz No. 43 | Loriel | „Die 7 Nothelfer" Engel-Kombi-Öl No. 43 | „Die 7 Nothelfer"
Beruhigung	Engel-Essenz No. 1 | Engel für Glauben und Vertrauen Engel-Essenz No. 11 | Engel für Geborgenheit und Sicherheit Engel-Essenz No. 42 | Erzengel Michael Engel-Aura-Essenz „Erzengel Michael" Engel-Kombi-Essenz No. 39 | Raniel | Entspannung

ngste:

Angst- und Schocksituationen	Engel-Kombi-Essenz No. 2 | Nanael | (Seelische Engel-Notfallstropfen) Engel-Kombi-Öl No. 2 | Nanael | (Seelisches Engel-Notfallsöl) Engel-Aura-Essenz „Erzengel Michael"
	Engel-Kombi-Öl No. 3 | Hariel | (Engel-Notfallsöl für Kinder) Engel-Aura-Essenz „Kinder | Beruhigung"
	Engel-Kombi-Öl No. 26 | Baby- & Kleinkinder-Notfallsöl Engel-Aura-Essenz „Baby & Kleinkind | Beruhigung"
Ängste und depressive Verstimmungen	Engel-Kombi-Essenz No. 22 | Doriel | Ängste und depressive Verstimmungen Engel-Kombi-Öl No. 22 | Doriel | Ängste und depressive Verstimmungen Engel-Aura-Essenz „Erzengel Jophiel"
Panik	Engel-Kombi-Essenz No. 41 | Somiel | Panikattacken Engel-Kombi-Öl No. 41 | Somiel | Panikattacken Engel-Aura-Essenz „Erzengel Jophiel"
Depressionen	Engel-Kombi-Essenz No. 45 | Zariel | Depressionen Engel-Kombi-Öl No. 45 | Zariel | Depressionen Engel-Aura-Essenz „Erzengel Jophiel"

Stress:

Ruhelosigkeit	Engel-Kombi-Öl No. 3 | Hariel | (Engel-Notfallsöl für Kinder) Engel-Essenz No. 42 | Erzengel Michael Engel-Aura-Essenz „Erzengel Michael"
Anspannung und Nervosität	Engel-Kombi-Essenz No. 39 | Raniel | Entspannung Engel-Kombi-Essenz No. 22 | Doriel | Ängste Engel-Kombi-Öl No. 22 | Doriel | Ängste Engel-Aura-Essenz „Erzengel Jophiel"
Mangel an Vertrauen	Engel-Essenz No. 1 | Engel für Glauben und Vertrauen Engel-Essenz No. 11 | Engel für Geborgenheit und Sicherheit
Konzentration	Engel-Kombi-Öl No. 44 | Korathel | Konzentration Engel-Aura-Essenz „Konzentration"
Belastende Gedanken	Engel-Essenz No. 24 | Engel für wiederkehrende Gedanken und Lösungen Engel-Essenz No. 36 | Engel für Loslassen Engel-Essenz No. 45 | Erzengel Gabriel Engel-Aura-Essenz „Erzengel Gabriel" Engel-Kombi-Essenz No. 39 | Raniel | Entspannung

Reinigung von Körper, Aura und Meditationsraum	Engel-Aura-Essenz „Energetische Reinigung"
Schutz	Engel-Aura-Essenz „Erzengel Michael"
Engel herbeirufen; Engelmeditation	Engel-Aura-Essenz „Engelmeditation" oder jede beliebige Erzengel-Aura-Essenz
Erdung	Engel-Aura-Essenz „Erzengel Uriel"

Reise:

Abreise	Engel-Aura-Essenz „Erzengel Michael"
Fahrzeug	Engel-Aura-Essenz „Erzengel Michael"

Flugangst	Engel-Essenz No. 1 | Engel für Glauben und Vertrauen Engel-Essenz No. 3 | Engel für Ruhe und Leichtigkeit Engel-Essenz No. 11 | Engel für Sicherheit und Geborgenheit Engel-Essenz No. 24 | Engel für kreisende Gedanken und Lösungen Engel-Essenz No. 36 | Engel für Loslassen Engel-Kombi-Essenz No. 2 | Nanael | (Seelische Engel-Notfallstropfen) Engel-Kombi-Öl No. 2 | Nanael | Seelisches Engel-Notfallsöl Engel-Kombi-Essenz No. 22 | Doriel | Ängste Engel-Kombi-Öl No. 22 | Doriel | Ängste Engel-Kombi-Essenz No. 41 | Somiel | Panik Engel-Kombi-Öl No. 41 | Somiel | Panik Engel-Aura-Essenz „Erzengel Michael" Engel-Aura-Essenz „Strahlungsschutz" Engel-Aura-Essenz „Energetische Reinigung"
Jetlag	Engel-Essenz No. 47 | Erzengel Uriel Engel-Aura-Essenz „Erzengel Uriel"
Hotelzimmer	Engel-Aura-Essenz „Erzengel Gabriel" Engel-Aura-Essenz „Erzengel Michael" Engel-Aura-Essenz „Energetische Reinigung"

Massagen

Massagen	Engel-Kombi-Öl No. 1 | Lariel | (Körperliches Engel-Notfallsöl) Engel-Kombi-Öl No. 2 | Nanael | (Seelisches Engel-Notfallsöl) Engel-Kombi-Öl No. 7 | Carmiel | Immunsystem Engel-Kombi-Öl No. 12 | Haziel | Chakren Engel-Kombi-Öl No. 13 | Yeliel | Meridiane Engel-Kombi-Öl No. 14 | Corael | Organe und Fußreflexzonen 1 Engel-Kombi-Öl No. 22 | Doriel | Ängste und depressive Verstimmungen Engel-Kombi-Öl No. 24 | Sorael | Fremdenergien Engel-Kombi-Öl No. 25 | Cithael | Karma Engel-Kombi-Öl No. 38 | Organe und Fußreflexzonen 2 Engel-Kombi-Öl No. 43 | Loriel | „Die 7 Nothelfer"

Massagen	Engel-Kombi-Öl No. 58 | Erael | Muskulatur Engel-Aura-Essenz „Erzengel Raphael" Engel-Aura-Essenz „Erzengel Zadkiel"

Rebirthing und Reinkarnationstherapie:

Rebirthing und Reinkarnationstherapie:	Engel-Kombi-Essenz No. 17 | Muriel | Schwangerschaft Engel-Kombi-Öl No. 17 | Muriel | Schwangerschaft Engel-Kombi-Essenz No. 18 | Vaniel | Geburt Engel-Kombi-Öl No. 18 | Vaniel | Geburt Engel-Kombi-Essenz No. 19 | Mykael | Wochenbett Engel-Kombi-Öl No. 19 | Mykael | Wochenbett Engel-Kombi-Öl No. 20 | Rakael | Neugeborene Engel-Kombi-Öl No. 26 | Norael | Baby-& Kleinkinder Notfallsöl Engel-Kombi-Essenz No. 25 | Cithael | Karma Engel-Kombi-Öl No. 25 | Cithael | Karma Engel-Aura-Essenz „Baby & Kleinkind | Beruhigung" Engel-Aura-Essenz „Erzengel Zadkiel" Engel-Aura-Essenz „Erzengel Metatron" Engel-Aura-Essenz „Erzengel Raphael"

Cranio Sacral Therapie:

Cranio Sacral Therapie	Engel-Kombi-Essenz No. 17 | Muriel | Schwangerschaft Engel-Kombi-Essenz No. 18 | Vaniel | Geburt Engel-Aura-Essenz „Baby & Kleinkind | Beruhigung" Alle Erzengel-Aura-Essenzen

Sterbebegleitung:

Sterbebegleitung (auch für Unterstützung von Angehörigen)	Engel-Essenz No. 36 | Engel für Loslassen Engel-Essenz No. 42 | Erzengel Michael Engel-Essenz No. 49 | Erzengel Metatron Engel-Kombi-Essenz No. 2 | Nanael | (Seelische Engel-Notfallstropfen) Engel-Kombi-Öl No. 2 | Nanael | (Seelisches Engel-Notfallsöl) Engel-Kombi-Essenz No. 22 | Doriel | Ängste Engel-Kombi-Essenz No. 22 | Doriel | Ängste Engel-Kombi-Essenz No. 25 | Cithael | Karma Engel-Kombi-Öl No. 25 | Cithael | Karma Engel-Kombi-Essenz No. 41 | Somiel | Panik

Engel-Kombi-Öl No. 41 | Somiel | Panik
Engel-Kombi-Essenz No. 43 | Loriel | „Die 7 Nothelfer"
Engel-Kombi-Öl No. 43 | Loriel | „Die 7 Nothelfer"
Engel-Kombi-Essenz No. 59 | Ismael | Sterbebegleitung
Engel-Kombi-Öl No. 59 | Ismael | Sterbebegleitung
Engel-Aura-Essenz „Erzengel Zadkiel"
Engel-Aura-Essenz „Erzengel Michael"
Engel-Aura-Essenz „Erzengel Metatron"
Engel-Aura-Essenz „Engelmeditation"

„Inneres Kind":

„Inneres Kind"

Engel-Kombi-Öl No. 20 | Rakael | Neugeborene
Engel-Kombi-Öl No. 26 | Norael | Baby-& Kleinkinder Notfallsöl
Engel-Kombi-Öl No. 3 | Hariel | (Engel-Notfallsöl für Kinder)
Engel-Kombi-Essenz No. 22 | Doriel | Ängste
Engel-Kombi-Öl No. 22 | Doriel | Ängste
Engel-Kombi-Essenz No. 57 | Uthael | Pubertät
Engel-Kombi-Öl No. 57 | Uthael | Pubertät
Engel-Aura-Essenz „Baby & Kleinkind | Beruhigung"
Engel-Aura-Essenz „Kinder | Beruhigung"
Engel-Aura-Essenz „Erzengel Jophiel"
Engel-Aura-Essenz „Erzengel Chamuel"
Engel-Aura-Essenz „Erzengel Raphael"
Engel-Aura-Essenz „Erzengel Zadkiel"
Engel-Aura-Essenz „Erzengel Metatron"

Atemtherapie:

Atemtherapie

Engel-Essenz No. 3 | Engel für Ruhe und Leichtigkeit
Engel-Essenz No. 24 | Engel für wiederkehrende Gedanken und Lösungen
Engel-Essenz No. 36 | Engel für Loslassen
Engel-Essenz No. 46 | Erzengel Raphael
Engel-Kombi-Essenz No. 25 | Cithael | Karma
Engel-Kombi-Öl No. 25 | Cithael | Karma
Engel-Kombi-Essenz No. 52 | Buriel | Asthma
Engel-Kombi-Öl No. 52 | Buriel | Asthma
Engel-Aura-Essenz „Erzengel Raphael"
Engel-Aura-Essenz „Erzengel Chamuel"
Engel-Aura-Essenz „Erzengel Gabriel"

Therapien aller Art:

Raumreinigung; Reinigung der Aura nach Therapiesitzung	Engel-Aura-Essenz „Energetische Reinigung" Engel-Aura-Essenz „Erzengel Gabriel"
Raumenergetisierung	Engel-Aura-Essenz „Erzengel Raphael"
Abgrenzung des Therapeuten	Engel-Aura-Essenz „Energetische Abgrenzung"
Burn-out des Therapeuten	Engel-Aura-Essenz „Erzengel Uriel"
Engelhilfe für Therapeuten	Engel-Aura-Essenz „Engelmeditation"

Anwendung von Bachblüten, Steinen, etc.:

Reinigung (Pendel, Biotensor, Steine, Aura Soma-Flaschen, Bachblüten, etc.)	Engel-Aura-Essenz „Energetische Reinigung" Engel-Aura-Essenz „Erzengel Gabriel"
Aufladen	Engel-Aura-Essenz „Erzengel Metatron" Engel-Aura-Essenz „Engelmeditation"

Raumreinigung:

Raumreinigung:	Engel-Aura-Essenz „Energetische Reinigung" Engel-Aura-Essenz „Erzengel Gabriel"

Erdheilung:

Reinigung	Engel-Aura-Essenz „Energetische Reinigung" Engel-Aura-Essenz „Erzengel Gabriel"
Aufladen	Engel-Aura-Essenz „Erzengel Uriel"

Rituale:

Reinigung	Engel-Aura-Essenz „Energetische Reinigung" Engel-Aura-Essenz „Erzengel Gabriel"
Schutz	Engel-Aura-Essenz „Erzengel Michael"
Erdung	Engel-Aura-Essenz „Erzengel Uriel"

„Dies alles geschieht, damit ihr auf dem Planeten bleiben und das vollentwickelte Stadium des menschlichen Lichtkörpers erreichen könnt. Dieser Vorgang wird allgemein der ‚Aufstieg' genannt."

>Kryon<

Für Therapeuten

Aufbau einer Grundausstattung

Die Engelwelt hat uns eine Vielzahl an Essenzen und Ölen geschenkt. Verständlicherweise kann man nicht alle auf einmal kaufen. Um Ihnen die Auswahl zu erleichtern, ist bei jeder(m) Engel-Kombi-Essenz / Öl durch *** oder ** vermerkt, ob dieses als Basis oder Ergänzung Ihrer Grundausstattung wichtig ist. Produkte ohne Stern werden meist von Therapeuten verwendet, die sich auf bestimmte Heilbereiche spezialisiert haben.

No.	Name	No.	Name	No.	Name
01 ***	Lariel	21	Yerathel	41 **	Somiel
02 ***	Nanael	22 ***	Doriel	42 AE	Coruel
03 *** AE	Hariel	23	Canael	43 ***	Loriel
04 **	Aniel	24 *** AE	Sorael	44 ** AE	Korathel
05 **	Rahael	25 ***	Cithael	45	Zariel
06	Ramiel	26 *** AE	Norael	46	Koniel
07 ***	Carmiel	27	Sariel	47	Rothael
08	Armiel	28 **	Cosiel	48	Dariel
09	Saniel	29	Raziel	49	Wismael
10 **	Nithael	30	Sirael	50	Voniel
11 ***	Lunael	31	Risael	51 **	Lithael
12 ***	Haziel	32 **	Sorihael	52	Buriel
13 ***	Yeliel	33 ***	Curiel	53	Mariel
14 ***	Corael	34 **	Horael	54	Thoriel
15	Rihael	35	Aliel	55 **	Licael
16	Rosael	36	Rukiel	56	Nirael
17 **	Muriel	37 *** AE	Sonael	57	Uthael
18 **	Vaniel	38 ***	Luciel	58 **	Erael
19	Mykael	39	Raniel	59	Ismael
20 **	Rakael	40	Arkiel		

AE = Engel-Aura-Essenz ***Basis ** Ergänzung

Aufbau einer Engel-Notfallsapotheke

Eine Engel-Notfallsapotheke ist eine feine Sache: egal ob für zu Hause oder für die Urlaubsreise. Damit Ihnen die Auswahl leichter fällt, sind die wichtigsten Essenzen aufgelistet.

No.	Name	Grundthema
01	Lariel	Krisensituationen körperlicher Art
02	Nanael	Krisensituationen seelischer Art
03 AE	Hariel	Schocks und Ängste von Kindern
07	Carmiel	Abgeschlagenheit, Beengtheit
22	Doriel	Schulängste, Lampenfieber, lähmende Ängste
24 AE	Sorael	Energieverlust, Fremdenergien
26 AE	Norael	Schocks und Ängste von Neugeborenen, Babys und Kleinkindern
33	Curiel	Seelische und körperliche Verletzungen
37 AE	Sonael	Erhöhte Sensitivität
42 AE	Coruel	Schutz vor Energieräubern
43	Loriel	Stagnation; Notfälle aller Art
55	Licael	Selbstreinigungsprozess

AE = Engel-Aura-Essenz

Bezugsquellen

Herstellung und Generalvertrieb:

Lichtpunkt
Ingrid Auer — T: +43 (0) 664 / 48 00 676
Postfach 20 — F: +43 (0) 7472 / 69 172
A-3300 Amstetten — e-mail: bestellung@engelsymbole.at — www.engelsymbole.at

Wiederverkäufer, Therapeuten und Heilpraktiker werden direkt von Ingrid Auer beliefert.

Österreich — A

1010 Wien	Fleischmarkt 9	CHEOPS Esoterik	+43 (0) 1 / 532 26 68
1030 Wien	Fasangasse 14	Universe Team / Christiane Bernhardt	+43 (1) 969 03 51
1030 Wien	Erdbergstr. 6	Petrus Apotheke	+43 (0) 1 / 713 44 73-0
1070 Wien	Kirchengasse 36	AMBA	+43 (0) 699 / 10 80 90 91
1080 Wien	Josefstädter Straße 16	AMBA	+43 (0) 699 / 10 80 90 91
1100 Wien	Sonnwendgasse 34/8	Claudia Krenz	
1100 Wien	Leebgasse 88	Firma Doris Schriefl-Heyda	+43 (0) 1 / 600 66 57
1170 Wien	Berlinggasse 25/4/28	Institut 33	+43 (0) 1 / 4847262
1190 Wien	Döblinger Hauptstraße 73	FENG SHUI Drogerie Feichtinger	+43 (0) 1 / 368 11 70
2130 Mistelbach	Bahnstraße 29	Bajlitz Brigitta	+43 (0) 2572 / 20 0 99
2334 Vösendorf	SCS / Top 155 D	STYX Naturkosmetik Shop	+43 (0) 1 7 69 867 38
2500 Baden	Germergasse 39	Elfriede Bernleitner	+43 (0) 664 / 39 44 251
2500 Baden	Wassergasse 41	TALISMAN	+43 (0) 2252 / 87 161
2700 Wr. Neustadt	Herrengasse 10	SMILE	+43 (0) 2622 / 20 428
3100 St. Pölten	Rathausstraße	CHEOPS Esoterik	+43 (0) 2742 / 31 35 07
3261 Steinakirchen a. Forst	Schönegg 6	Gerda Viktoria Bertunek	
3300 Amstetten	Pestalozzistraße 1	Sklenar Margit	+43 (0) 676 / 600 57 11
3300 Amstetten	Rathausstraße 7	TEESCHNABEL	+43 (0) 7472 / 64 7 66

3300 Amstetten	Wiener Straße 67	PHÖNIX Feng Shui Esoterik	+43 (0) 7472 / 25388
3335 Weyer	Marktplatz 18	Buchhandlung Ennsthaler	+43 (0) 7355 64 89
3340 Waidhofen / Ybbs	Im Vogelsang 19	Astrid Koczirz	+43 (0) 74 42 / 52 147
3071 Böheimkirchen	Furth 49	Eva Maria Stöttner	+43 (0) 2744 / 7762
3213 Frankenfels	Lohengegend 29	Elisabeth Wieland-Widder	+43 (0) 664 / 40 49 049
3270 Scheibbs	Hauptstraße 15	Reformhaus Zagler	+43 (0) 7482 / 43 630
3372 Blindenmarkt	Hauptstraße 12	MERKABAH Esoterikfachhandel	+43 (0) 7473 / 50 23
3390 Melk	Pöverding 31	Sulzberger Silvia	+43 (0) 699 / 11 63 71 37
3452 Heiligeneich	Wr. Landstraße 5	Fa. Ing. Eduard Lehrner	+43 (0) 2275 / 53 78
3850 Gmünd	Stadtplatz 21	D' Harmonie	+43 (0) 2652 / 51325
3922 Großschönau	Seminarzentrum Betz	MITBRINGSEL	+43 (0) 2815 / 7003
4020 Linz	Bethlehemstraße	1. Verlag für Grenzwissenschaften	+43 (0) 732 / 777 23 40
4230 Pregarten	Tragweiner Straße 10	Markus Welser	+43 (0) 664 / 264 54 45
4240 Freistadt	Salzgasse 2	Shop Harmony	+43 (0) 7942 / 77 950
4320 Perg	Naarntalstraße 5	Kosmetik Gabi Burghofer	+43 (0) 7262 / 58804
4360 Grein	Hauptstraße 30	Ostara	+43 (0) 7268 / 26 840
4400 Steyr	St. Berthold-Allee 23	Apotheke & Drogerie St. Berthold	+43 (0) 7252 / 531 31 0
4682 Geboltskirchen	Erlet 4	Waltraud Rohrweck	+43 (0) 7732 / 46 238
4830 Hallstadt	Am Hof 110	Massagefachinstitut Strobl-Pilz	+43 (0) 6143 / 8374
5020 Salzburg	Franz-Josef-Straße 25b	AVALON	+43 (0) 662 / 87 10 90
5026 Salzburg	Ziegelstadelstraße 40	Potami-Praxis	+43 (0) 662 / 62 57 51
5162 Oberturm	Trumerstraße 1	Roland Wansch	+43 (0) 676 / 527 4663
6890 Lustenau	Raiffeisenstraße 16	Buchhandlung Bücherwurm	+43 (0) 5577 / 88788
7571 Rudersdorf	Bergkammweg 3	Martina Unger	+43 (0) 3382 / 72 183
8010 Graz	Bürgergasse	Elisabeth Saurugg	
8021 Deutschfreistritz	Grazer Straße 311/5	Maria' s GEMP-Training	+43 (0) 3127 41228
9462 Bad St. Leonhard	Wisperndorf 63	Traude Koinig	

Bezugsquellen

Kontaktperson für Deutschland

Marlene Damblon   Benediktinerstr. 16   T: +49 (0)241 / 996 76 41
D-52066 Aachen   F: +49 (0)241 / 969 05 46

Deutschland

D

D-56593 Güllesheim	**Steinstraße 1**	**Verlagsauslieferung „Die Silberschnur"**	**+49 (0) 26 87 / 92 90 01**
D-10245 Berlin	Frankfurterallee 3	Fantasy & Future Vertriebsges.m.b.H	+49 (0) 420 / 84672
D-20146 Hamburg	Schlüterstraße 4	WRAGE - Buchhandlung	+49 (0)40 / 4132970
D-21147 Hamburg	Sumpfläuferweg 27	Susanne Poszienke	
D-20535 Hamburg	Moorende 20	Claudia Demmler	
D-21335 Lüneburg	Zollstraße 1	Reformhaus „Am Glockenhof"	+49 (0) 4131/ 48 115
D-24943 Fiensburg	Vogelbeerenweg 9	Petra Jens	+49 (0) 461 / 6053
D-28757 Bremen	Reeder-Bischoff-Str. 29	SIRIUS - Esoterik	+49 (0) 421 / 6520880
D-31832 Springe	Im kleinen Felde 11	Sonnentor	+49 (0) 5041 / 28 35
D-33619 Bielefeld	Am Hang 19	Isabel Tinschmann	+49 (0) 521 / 100893
D-42570 Heiligenhaus	Langenholzer Weg 16	Ernst Alexander Garnjost	+49 (0) 2054 / 81 865
D-45466 Mülheim	Muhrenkamp 2	Klaus Uwe Weinert	+49 (0) 208 / 437 61 76
D-49733 Haren	Lange Straße 48	Lotos - tea & more	+49 (0) 5932 / 6083
D-51069 Köln	Im Wieschen 4	Petra Pick	
D-51379 Leverkusen	Kölner Straße 63	Sonne, Mond + Sterne	+49 (0) 2171 / 741677
D-52066 Aachen	Schönrathstraße 69	Margit Offermann-Walter	+49 (0) 241 / 574947
D-52074 Aachen	Schmiedgasse 7	Demeterhof Gut Wegscheid-Koppenhöfer	+49 (0) 241 / 878473
D-52146 Würselen	Starenweg 30	Peter Koch	+49 (0) 177 / 7090500
D-63739 Aschaffenburg	Erbsengasse 11	Die Sonne - Esoterikladen	+49 (0) 6021 / 200285
D-75038 Oberderdingen	Richard Wagner Straße 17	Metatron - Produkte für gesundes Leben	+49 (0) 7045 / 930640
D-76139 Karlsruhe	Lötzenerstraße 8	Iris Sollinger	
D-77948 Friesenheim	Weingartenstr. 32	Claudia Günter	
D-78802 Dettighofen	Lärchenweg 2	Renate Burrichter	+49 (0) 7742 / 858394

Deutschland D

D-80469 München	Buttermelcherstraße 3	AKASHA - Buchhandlung	+49 (0) 89 / 22 29 58
D-83075 Bad Feilnbach	Kufsteinerstraße 58	Naturkosmetik-Hornberger	+49 (0) 8066 / 17 69
D-83661 Lenggries	Geiersteinstraße 18	Inez Schroeter	+49 (0) 8042 / 5252
D-85080 Galmersheim	Peter-Dörfler-Straße 4	Renate Pade	+49 (0) 8458 / 5255
D-85110 Kipfenberg	Kronenwirtsgarten 1	annate	+49 (0) 8465 / 172255
D-88 155 Lindenberg	Sonnenstraße 8	Vitalcenter	
D-91058 Erlangen	Leitensteig 6	Dr. Barbara Lohbauer	+49 (0) 9131 / 615490
D-97688 Bad Kissingen	Wankelstraße 4	Christine Böttcher	+49 (0) 699 / 3661
D-97723 Oberthulba	Hurschelwiese 14	Ulrike Kirchner	+49 (0) 9736 / 4787

Schweiz CH

CH-9533 Kirchberg/SG	**Gähwilerstrasse 16**	**Atelier M+M Oechslin**	**T: +41 (0) 71 931 32 88**
		e-mail: info@oechslin.ch	**F:+41 (0) 71 931 32 52**

CH-4051 Basel	Spaltentorweg 55	Brigitte Heynen	+41 (0) 61 / 27 12 270
CH-8362 Balterswil	Itaslen	Cecil Finsterwald	+41 (0) 71/9712521
CH-9434 Au	Hauptstraße 79	Ruth Frei	+41 (0) 71 / 744 28 43

Eine laufend aktualisierte Liste aller Händler finden Sie unter www.engelsymbole.at

Verwendete Literatur

Klinghardt, Dr. med. Dietrich, Lehrbuch der Psycho-Kinesiologie, Freiburg 2001

Dahlke, Dr. med. Ruediger, Krankheit als Symbol, München 1996

Choa, Kok Sui, Energetischer Selbstschutz, Ludwig-Verlag, München 2001

Lee Carroll, Kryon, Ihr werdet unermesslich geliebt, Serocca d' Agno 2001

Seminare

Als Ergänzung zu diesem Buch bietet Ingrid Auer zwei Kurzseminare an, die nichts mit herkömmlichem Lernen zu tun haben. In diesen zwei Tagen werden die Teilnehmer die Energien und Wirksamkeit der Engelessenzen auf unmittelbare Art und Weise kennen lernen. Dabei geht es nicht um reine Wissensvermittlung, sondern vielmehr um das Erleben ihrer Wirkung in Körper, Chakren und Aura und in einer Dimension, die weit über unsere Dimension hinausgeht.

Seminar 1: Engelessenzen 1 - 49, Engel-Aura-Essenzen
Seminar 2: Engel-Kombi-Essenzen, Engel-Kombi-Öle

Termine und weitere Seminare finden Sie unter www.engelsymbole.at

Übertragungskarte

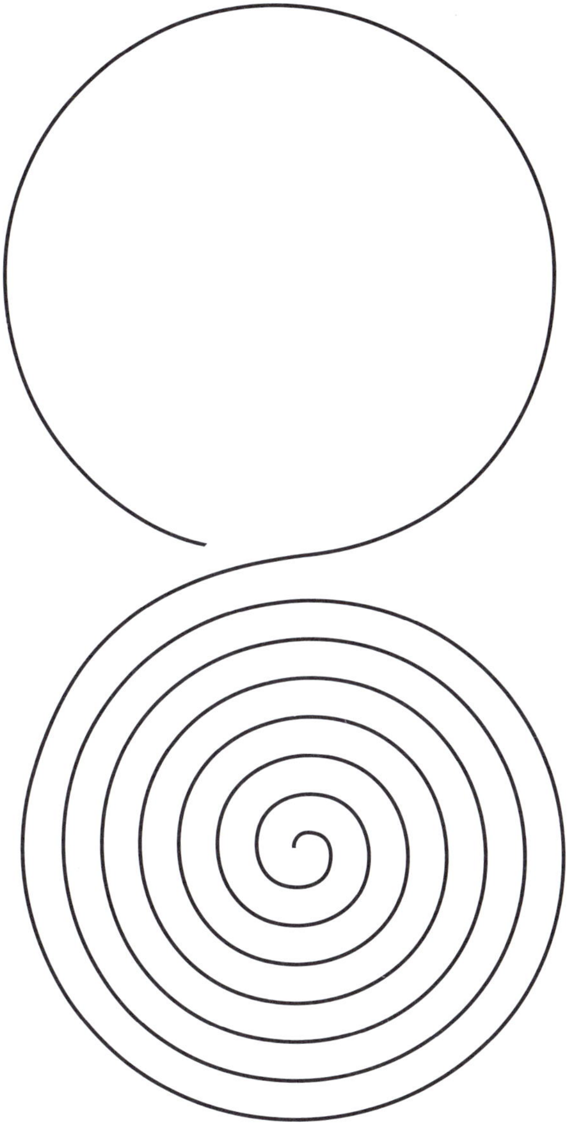

Übertragungskarte

Auf die Spirale stellen Sie Essenz, Öl oder Ampulle. Auf den Kreis das Foto der zu behandelnden Person.

Publikationen

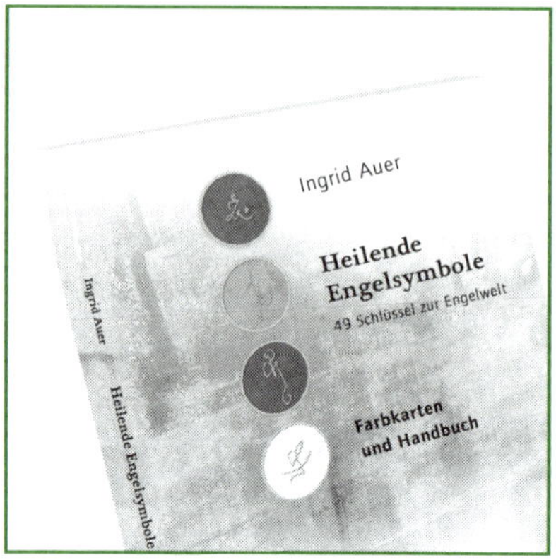

Heilende Engelsymbole

49 Schlüssel zur Engelwelt

Farbkarten und Handbuch

49 wunderschöne, heilende Symbolkarten mit zugehörigem Handbuch. Einfühlsam und leicht verständlich ermöglicht Ihnen dieses Buch einen natürlichen, unbefangenen Zugang zur Engelwelt. Alle, die Rat und Trost brauchen oder körperliche Beschwerden haben, können sich mit diesem Set die bezaubernde Engelwelt erschließen und deren Unterstützung nutzen.

Die im Buch vorgestellten Engelsymbole verhelfen Ihnen dazu, Blockaden im seelischen und körperlichen Bereich zu lösen und die Chakren, Wasser, Nahrungsmittel und vieles mehr zu energetisieren. Auch die verschiedenen Legesysteme bergen eine Fülle von Anwendungsmöglichkeiten.

So lassen sich mit Hilfe der kraftvollen Symbolkarten Fragen zu den Themen Selbsterkenntnis, Lebensweg, Lernaufgabe, Vergangenheit – Gegenwart – Zukunft usw. beantworten. Sie dienen darüber hinaus als Tageskarte, als helfender Schutzkreis sowie zur Fernheilung und Meditation.

Begleitbuch 156 Seiten, gebunden
plus 49 vierfarbige Symbolkarten
€ [D] 29,00 / sFr 48,70
ISBN 3-89845-007-4

Heilen mit Engel-Therapie-Symbolen

Die Heilkraft der Engel in Therapie und Alltag

Mit 18 Therapie-Symbol-Sets

In diesem Buch werden 147 Engel-Therapie-Symbole vorgestellt, die Ingrid Auer auf geistigem Weg direkt aus der Engelwelt empfangen hat. Mit diesen Symbolen werden Selbstheilungsprozesse beschleunigt, Selbsterkenntnis gefördert und die persönliche, spirituelle Entwicklung unterstützt.

Mit diesem Buch übermittelt die Autorin nicht nur eigene Erfahrungen und Tipps aus der Praxis, sondern auch genaue Arbeitsanleitungen, Arbeitslisten, Hilfstabellen und jede Menge anschauliche Fallbeispiele. Die klare Sprache des Buches eröffnet jedermann, der Engelhilfe für sich, für die Familie, für Freunde oder aber auch für Klienten und Patienten benötigt, einen leicht verständlichen Einstieg in die Welt der Engel-Therapie-Symbole.

Begleitbuch 198 Seiten, gebunden
plus 18 Therapie-Symbol-Sets
€ [D] 29,00 / sFr 48,70
ISBN 3-89845-001-5

Engel-Meditationen

CD01

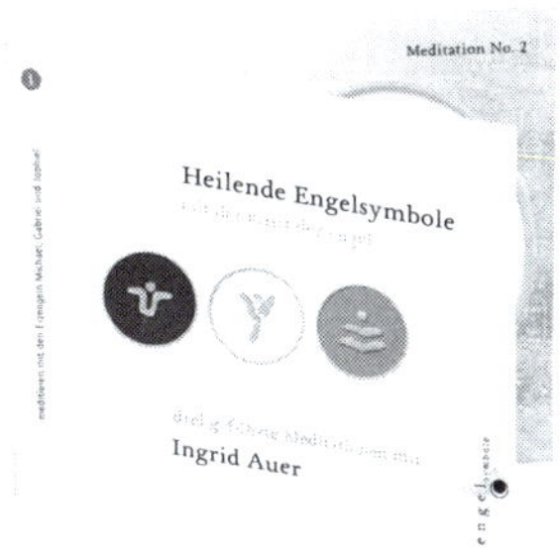

CD02

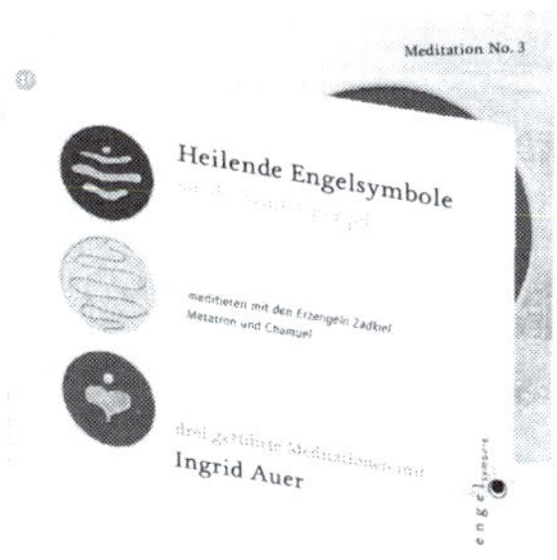

Meditieren mit den Erzengeln ...

Die Meditations-CDs erleichtern und unterstützen die Kontaktaufnahme mit den Erzengeln durch einfühlsame Texte, die von wunderschöner Musik untermalt werden. Sie eignen sich sowohl für die Meditation in der Gruppe, als auch für Einzelmeditationen.

Als Meditationsunterstützung dienen die Engelsymbole am Cover der CD oder die Karten aus dem gleichnamigen Buch „Heilende Engelsymbole". Eine Verstärkung der Wirkung ist überdies durch das Versprühen der Erzengel-Aura-Essenz über dem Kopfbereich zu Beginn der Meditation zu erzielen.

CD01

Meditieren mit den Erzengeln Michael, Gabriel und Jophiel.

CD ca. 60 Minuten
€ [D] 21,00 / sFr 37,30
ISBN 3-89845-027-9

CD02

Meditieren mit den Erzengeln Zadkiel, Metatron und Chamuel.

CD ca. 60 Minuten
€ [D] 21,00 / sFr 37,30
ISBN 3-89845-043-0

Weitere CDs sind in Vorbereitung!

Weiteres...

Magda Wimmer

Das Herzenswissen der Maya-Tagehüter

Die universelle Weltordnung und
das Webmuster der Zeit

Träumen Sie nicht auch davon, das Mysterium längst vergangener Kulturen zu lüften?
Dieses Set hilft Ihnen spielerisch, den kosmischen Weisheiten und Prophezeiungen der Maya auf die Spur und ihnen somit etwas näher zu kommen. Maya bedeutet dabei „Wissen um den Ursprung der Welt zu haben", und das Tagehüten ist das Hüten der Sonne und des Wissens um die Quelle, aus der wir alle kommen. Wagen Sie den Sprung auf ein neues Terrain des spirituellen Lernens! Lernen Sie, wieder auf Ihre innere Stimme zu vertrauen, und bekommen Sie dadurch die Sicherheit, die nächsten Schritte zu gehen.
Denn wir alle sind Mitspieler und beeinflussen das große Spiel des Lebens. Jeder Gedanke verändert die Welt!

Begleitbuch 184 Seiten, mit 38 farb. Karten
€ [D] 22,90 / sFr 38,60
ISBN 3-89845-030-9

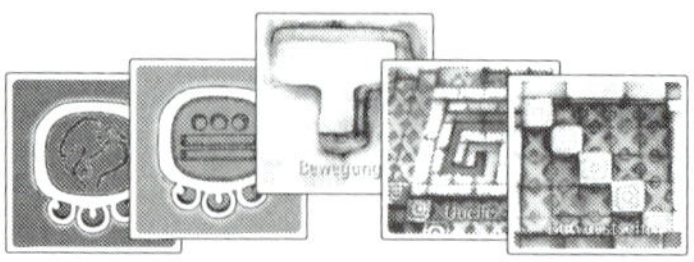

Lynn Andrews

Das Power Set

Die Weisheit der Frauen

Dieses Power-Set besteht aus 45 wunderschön illustrierten Karten und einem Buch mit Affirmationen und Meditationen. Die Autorin der ›Medicine Woman‹ und der ›Woman of Wyrrd‹ zeigt Ihnen, wie Sie die Weisheit des Universums nutzen können, die von den Schwestern der Schilde offenbart wurde. Auf jeder Karte finden Sie ein Bild, das Mutter Erde und Vater Himmel symbolisiert, und eine Affirmation, die Ihre Macht vergrößert. Um die Erde zu heilen, müssen wir uns zuerst selbst heilen. „Das Power-Set", schreibt Lynn Andrews, „hilft uns, die Urquelle unserer Schmerzen und Schwächen zu finden, sodass wir sie überwinden können. Jede Karte fördert Schönheit, Gesundheit, Kraft und Weisheit."

Begleitbuch 112 Seiten, 45 farbige Karten
€ [D] 24,90 / sFr 42,00
ISBN 3-89845-005-8

Weiteres...

Isabella Monti

Ein himmlischer Dialog

Eine neugierige Seele spricht
mit Gott über unsere Welt

Eine kleine Seele trifft Gott bei einem Spaziergang im Himmel. Zwischen den beiden beginnt ein »himmlischer« Dialog – über Liebe und Angst, Schuld und Unschuld, über Freude und Leid, Krankheit und Tod, über Erziehung und Beziehungen, Sucht und Eifersucht, über Religion und den Sinn unseres Erdendaseins. Und Gott antwortet geduldig auf alle Fragen, einfach und klar. „Die kleine Seele und Gott" ist für Jung und Alt, für Männer und Frauen, für (Noch-) Pessimisten, Optimisten und Realisten, für Gläubige und Ungläubige – und ganz besonders für Sie bestimmt. Die Geschichte der kleinen Seele ist ein wertvoller Wegweiser, der Mut machen und neue Perspektiven eröffnen kann. Weise Botschaften, verpackt in einer genial einfachen Geschichte. Und genau darin liegt ihr Zauber: Sie tut der Seele einfach gut und man kann fühlen, dass tief im Inneren Heilung geschieht. Ganz von selbst.

Ein Buch, das verzaubert.

64 Seiten mit Illustrationenn, gebunden
€ [D] 9,90 / sFr 17,40
ISBN 3-89845-013-9

Marie-Pascale Rémy

Erfahrungen mit Engeln

Was ist ein Engel? Er ist eine Manifestation Gottes. Er ist aber auch ein Teil von uns selbst – in einer anderen Form. Über Engel zu sprechen, das ist gleichbedeutend damit, über Gott zu sprechen sowie eine meist vernachlässigte und versteckte Zone von sich selbst zu erfahren. Der Engel ist derjenige, der die Begabungen und verborgenen Talente in jedem von uns wecken kann – immer das Beste erwartend. Wie kann man nun Erfahrungen mit Engeln machen? Dieser praktische Ratgeber bietet zahlreiche Übungen, die eine einfühlsame Annäherung an die tägliche Präsenz des Engels in unserem Leben möglich machen.

216 Seiten, broschiert
€ [D] 12,90 / sFr 23,50
ISBN 3-89845-121-6

www.engelsymbole.at

Ingrid Auer

Heilende Engelessenzen und Engelöle

Energien der Neuen Zeit

Engelessenzen 1–49	30 ml
Engel-Kombi-Essenzen 1–59	30 ml
Engel-Kombi-Öle 1–59	50 ml
Engel-Aura-Essenzen	50 ml
Engel-Aura-Essenzen	100 ml

Engelessenzen 1–49

Engel-Kombi-Essenzen 1–59

Engel-Kombi-Öle 1–59

Engel-Aura-Essenzen 50 ml

Engel-Aura-Essenzen 100 ml

No. 1

Glaube und Vertrauen

No. 2

Liebe und Selbstliebe

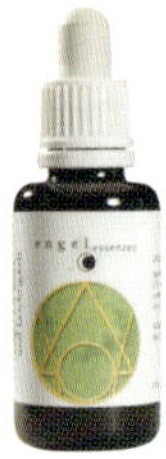

No. 3

Ruhe und Leichtigkeit

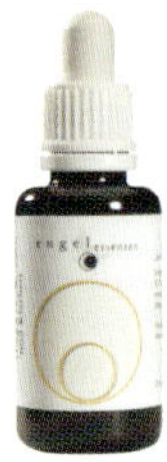

No. 4

Reinheit und Klarheit

No. 5

Kraft und Stärke

No. 6

Veränderung und Verwandlung

No. 7

Optimismus und Schönheit

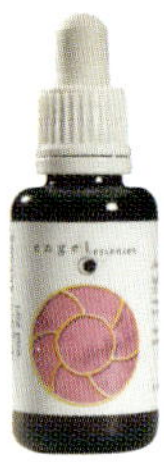

No. 8

Richtung und Ziel

No. 9

Selbstwert und Selbstvertrauen

No. 10

Reife und Weisheit

No. 11

Geborgenheit und Sicherheit

No. 12

Kreativität und Selbstausdruck

No. 13

Entscheidung und Neuorientierung

No. 14

Liebe und Bedingungslosigkeit

No. 15

Schein und Wirklichkeit

No. 16

Schöpferische Weisheit

No. 17

Wohlstand und Fülle

No. 18

Verantwortungsbewusstsein

No. 19

Spirituelles Erwachen

No. 20

Liebe und Beziehungen

No. 21

Beharrlichkeit und Erfüllung

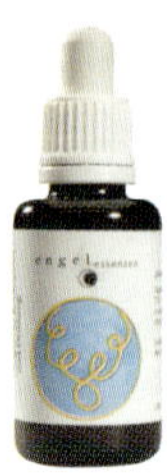

No. 22

Konsequenz und Ordnung

No. 23

Erkenntnis und Annehmen

No. 24

Wiederkehrende Gedanken und Lösungen

No. 25

Spirituelle Kraft und Umsetzung

No. 26

Erneuerung und Entwicklung

No. 27

Tod und Wiedergeburt

No. 28

Geduld und Zeitlosigkeit

Engelessenzen

30 ml

Engelessenzen bestehen aus einem Wasser-Alkohol-Gemisch und sind – wie die Engelsymbole selbst – energetisch versiegelt. Das heißt, sie nehmen keine Energien von außen auf und können sogar von mehreren Menschen gleichzeitig verwendet werden.

Engelessenzen werden von Hand abgefüllt und etikettiert. Dunkelviolettes Glas schützt die Trägersubstanz Wasser-Alkohol, die Engelwelt sorgt für permanentes Nachladen der Essenzen. Damit wird höchste Qualität gewährleistet.

No. 29
Materielle Angelegenheiten

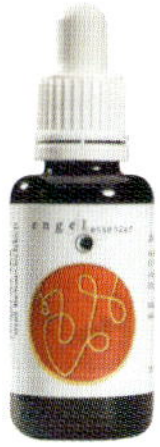

No. 30
Mut und Beharrlichkeit

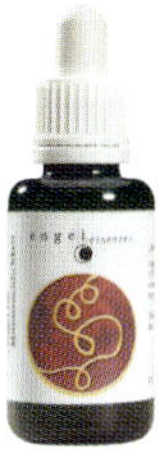

No. 31
Mitmenschlichkeit

No. 32
Befreiung von Abhängigkeiten

No. 33
Schöpferisches Wort

No. 34
Altes Wissen

No. 35
Tatkraft und Erfolg

No. 36
Loslassen

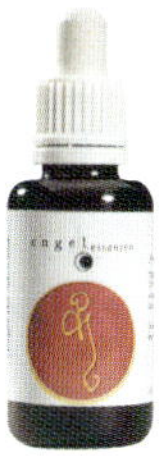

No. 37
All-Liebe

No. 38
Karmaerlösung

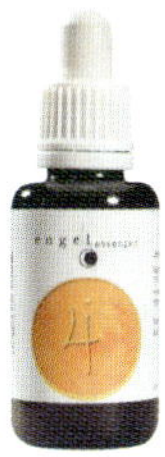

No. 39
Gnade

No. 40
Göttliche Kraft

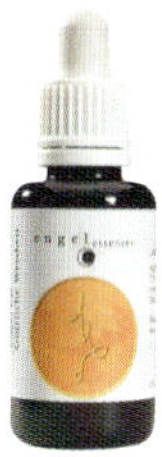

No. 41
Göttliche Weisheit

No. 42
Erzengel Michael

No. 43
Erzengel Jophiel

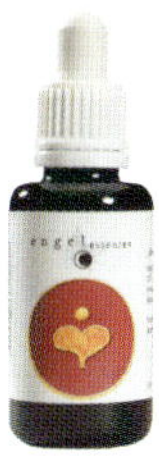

No. 44
Erzengel Chamuel

No. 45
Erzengel Gabriel

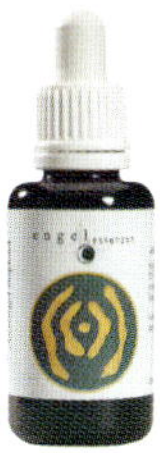

No. 46
Erzengel Raphael

No. 47
Erzengel Uriel

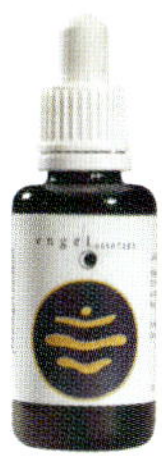

No. 48
Erzengel Zadkiel

No. 49
Erzengel Metatron

59

Engel-Kombi-Essenzen und Engel-Kombi-Öle

30 ml / 50 ml

Engel-Kombi-Essenzen und Engel-Kombi-Öle werden mit Hilfe der Engel-Therapie-Symbole energetisiert. Sie können von jedermann als Ergänzung zur Therapie oder auch völlig unabhängig davon verwendet werden. Bei hartnäckigen Problemen empfiehlt es sich, die Engel-Kombi-Essenzen und Engel-Kombi-Öle nicht nur während einer Therapie, sondern als Ergänzung zwischen den einzelnen Therapiebehandlungen anzuwenden.

15

Engel-Aura-Essenzen

50 ml / 100 ml

Erzengel Michael | Erzengel Jophiel | Erzengel Chamuel | Erzengel Gabriel | Erzengel Raphael | Erzengel Uriel | Erzengel Metatron | Erzengel Zadkiel

Energetische Abgrenzung | Energetische Reinigung | Strahlungsschutz | Baby & Kleinkind | Beruhigung | Kinder | Beruhigung | Engelmeditation | Konzentration